QUINOA

QUINOA

Catalogage avant publication de Bibliothèque et Archives nationales du Québec et Bibliothèque et Archives Canada

Jones, Caroline

    Quinoa, quinoa

    (Collection Santé naturelle)

    ISBN 978-2-7640-1869-9

    1. Quinoa. 2. Cuisine (Quinoa). I. Titre. II. Collection : Collection Santé naturelle (Éditions Quebecor).

TX393.J66 2012   641.3'31   C2012-940752-6

© 2012, Les Éditions Quebecor
Une société de Québecor Média

Dépôt légal : 2012
Bibliothèque et Archives nationales du Québec

Pour en savoir davantage sur nos publications, visitez notre site : **www.quebecoreditions.com**

Éditeur : Jacques Simard
Conception de la couverture : Bernard Langlois
Illustration de la couverture : Istockphoto
Conception graphique : Sandra Laforest
Infographie : Claude Bergeron

Imprimé au Canada

Gouvernement du Québec – Programme de crédit d'impôt pour l'édition de livres – Gestion SODEC.

L'Éditeur bénéficie du soutien de la Société de développement des entreprises culturelles du Québec pour son programme d'édition.

Nous reconnaissons l'aide financière du gouvernement du Canada par l'entremise du Fonds du livre du Canada pour nos activités d'édition.

DISTRIBUTEURS EXCLUSIFS :

• Pour le Canada et les États-Unis :
MESSAGERIES ADP*
2315, rue de la Province
Longueuil, Québec J4G 1G4
Tél. : (450) 640-1237
Télécopieur : (450) 674-6237
* une division du Groupe Sogides inc.,
filiale du Groupe Livre Québecor Média inc.

• Pour la France et les autres pays :
INTERFORUM editis
Immeuble Paryseine, 3, Allée de la Seine
94854 Ivry CEDEX
Tél. : 33 (0) 4 49 59 11 56/91
Télécopieur : 33 (0) 1 49 59 11 33

**Service commande France
Métropolitaine**
Tél. : 33 (0) 2 38 32 71 00
Télécopieur : 33 (0) 2 38 32 71 28
Internet : www.interforum.fr

**Service commandes Export –
DOM-TOM**
Télécopieur : 33 (0) 2 38 32 78 86
Internet : www.interforum.fr
Courriel : cdes-export@interforum.fr

• Pour la Suisse :
INTERFORUM editis SUISSE
Case postale 69 – CH 1701 Fribourg
– Suisse
Tél. : 41 (0) 26 460 80 60
Télécopieur : 41 (0) 26 460 80 68
Internet : www.interforumsuisse.ch
Courriel : office@interforumsuisse.ch

Distributeur : OLF S.A.
ZI. 3, Corminboeuf
Case postale 1061 – CH 1701 Fribourg
– Suisse

Commandes : Tél. : 41 (0) 26 467 53 33
Télécopieur : 41 (0) 26 467 54 66
Internet : www.olf.ch
Courriel : information@olf.ch

• Pour la Belgique et le Luxembourg :
INTERFORUM BENELUX S.A.
Fond Jean-Pâques, 6
B-1348 Louvain-La-Neuve
Tél. : 00 32 10 42 03 20
Télécopieur : 00 32 10 41 20 24

CAROLINE JONES

se conserve / Pens.
au frigo p. 19

QUINOA

QUINOA

Un
superaliment
pour des
recettes santé

LES ÉDITIONS
Québecor
Une société de Québecor Média

Introduction

Succulent au goût, bon pour la santé, à la fois léger et nourrissant, le quinoa est un superaliment pour les personnes attentives à leur corps, pour celles qui souhaitent affiner leur ligne et renforcer leur musculature. En plus, il se prépare en un rien de temps. Quinze minutes tout au plus, et c'est cuit. Il est rare qu'en temps total on dépasse la demi-heure avant de déposer un plat exquis sur la table.

La petite histoire du quinoa n'est pas sans charme non plus. C'est une véritable légende que celle de ce grain protégé par la Pachamama, la déesse-mère des habitants des hauts plateaux des Andes. Vigoureuse à souhait, la plante du quinoa a longtemps poussé dans les conditions les plus difficiles qu'on puisse imaginer. C'est d'ailleurs peut-être en partie pour cette raison que son grain a longtemps été vénéré et qu'il a été sacralisé.

Dans ce livre, vous pourrez lire la petite histoire du quinoa, sa légende et vous connaîtrez mieux ses qualités nutritives. Plusieurs recettes élargiront certainement votre répertoire culinaire, car il s'agit de recettes simples, faciles à retenir et à refaire. Le quinoa est particulièrement savoureux en salade. Il fait les meilleurs lunchs du midi ; en effet, sans être trop lourd, il vous donne une sensation de satiété, ce qui est bien agréable. Le quinoa est en outre très savoureux dans les soupes. Vous pourrez aussi faire des croquettes exquises que vous pourrez manger chaudes, tièdes ou froides selon votre goût. Il existe toutes sortes de façons imaginatives de manger le quinoa. Allons-y voir de plus près.

La plante

Le quinoa est une plante typique des hauts plateaux d'Amérique du Sud. Il pousse naturellement dans les régions montagneuses de la cordillère des Andes et dans des champs bordés de petits murets de pierre. On dit traditionnellement que le quinoa est le riz des Incas.

Le *Chenopodium quinoa wild* a l'aspect et la saveur d'une céréale, mais il s'agit en réalité d'un légume de la famille des épinards et des betteraves. En fait, comme il a plusieurs qualités nutritionnelles des céréales, on dit souvent qu'il est une pseudo-céréale, tout comme le sarrasin et l'amarante.

Le quinoa est une plante annuelle à feuilles triangulaires et à panicules composées. Il mesure généralement entre 0,5 et 2 mètres. Ses grains ont 2 millimètres.

Ses feuilles sont polymorphes. Sur un même plant, on peut trouver des feuilles vertes, rouges ou pourpres. On trouve des vésicules salines sur les tiges et les feuilles, ce qui aide la plante à résister au gel. Ses racines font de grandes ramifications qui peuvent aller jusqu'à 1 m 80 de profondeur en cas de sécheresse.

La floraison dure de 12 à 15 jours à raison de 4 heures par jour.

Les fruits sont les grains (ou pseudo-graines) entourés d'une enveloppe qui doit être enlevée lors de la récolte, car elle contient des saponines qui donnent un goût très amer. Celles-ci jouent un rôle répulsif contre les insectes et les oiseaux, mais on ne veut pas que dans notre assiette elle fasse de même. Aujourd'hui, quand on achète du quinoa, on suggère encore de le rincer, mais en réalité, ce travail est fait lors de la récolte. Disons qu'il est ainsi possible de se débarrasser encore un peu plus de l'amertume qui se dégage des graines.

Les graines peuvent être de couleur ivoire, jaune, orange, rouge, verte, brune ou noire. On trouve principalement sur le marché le quinoa ivoire, le rouge et le noir. Il en existerait jusqu'à 180 variétés.

Cette plante est bien adaptée au gel et à la sécheresse. En effet, les conditions climatiques ne sont pas toujours idéales sur les hauts plateaux des Andes. Ainsi, sa phase de maturation est courte et elle a une bonne plasticité. Dans les Andes, on plante le quinoa en octobre et on le récolte en mai.

De la germination à la maturité...

1. Émergence
2. 4 feuilles
3. 6 feuilles
4. 8 feuilles
5. Ramification
6. Émission de pollen
7. Grains laiteux
8. Grains pâteux

Au fil du temps

Que savons-nous de l'histoire du quinoa? Voyons un peu ce qu'on raconte à son sujet.

7000 ans avant J.-C.

Il est impossible de savoir à quel moment précis on a commencé la consommation du quinoa, mais on a retrouvé des traces de sa culture dans les grottes d'Ayacucho au Pérou, environ 7000 ans avant J.-C. En cette période, on a également trouvé des signes de domestication des lamas. L'interdépendance de la domestication de ces animaux et de la culture du quinoa ne fait plus de doute de nos jours.

2000 ans avant J.-C.

On a découvert des graines de quinoa dans des tombeaux du nord de l'Argentine et au Pérou qui datent d'environ 2000 ans avant J.-C. Comprendre le sens qu'on attribuait alors à ce rite reste hasardeux. Peut-être souhaitait-on fournir des réserves au défunt qui entreprenait un long voyage vers l'éternité ou peut-être voulait-on faire une offrande aux dieux pour qu'ils accueillent le défunt. Toujours est-il qu'on peut supposer que les graines de quinoa étaient déjà perçues sacrées, même si on attribue traditionnellement cette sacralisation du quinoa aux Incas comme nous le verrons un peu plus loin. Dans son livre *Une graine sacrée, le quinoa*, Didier Perreol rapporte en substance la légende suivante :

> Des gens vivaient sur les flans du volcan Tunupa, au bord d'un lac, dans les montagnes de l'Altiplano. On disait alors que le volcan protégeait le peuple de chasseurs qui habitaient tout proche. Les habitants vivaient de la chasse (les animaux étaient abondants) et de la cueillette des baies et des plantes sauvages. Or, une sécheresse survint. Le lac s'assécha, les animaux s'enfuirent, les hommes furent frappés par une épidémie. Un sorcier implora le ciel de les aider. Tous prièrent le volcan qu'ils croyaient avoir offensé. Le volcan se décida alors à les aider. Il envoya sa fille de village en village annoncer qu'il les sauvait du malheur et de la maladie. Pourtant, dès qu'elle se présentait dans un village et qu'elle disait: «Je viens vous sauver de vos malheurs et de la maladie», les habitants se moquaient d'elle si

bien qu'elle repartait vers un autre lieu. Malgré tout, chacun notait qu'après son passage une plante inconnue des villageois commençait à pousser. Elle arriva enfin à Salinas de Garcia Mendoza. Il semble que là les gens l'écoutèrent. Elle dit : « Je vais vous offrir une plante qui va vous guérir et vous donner des forces. Les feuilles et les graines vous seront utiles, vous pourrez vous soigner et vous en ferez des offrandes à la Pachamama. » C'est ainsi que le quinoa les sauva de la famine et du malheur[1].

La civilisation inca

La civilisation inca est une civilisation préhispanique d'Amérique du Sud. Elle aurait pris naissance sur la cordillère des Andes (la plus grande chaîne de montagnes du monde) au lac Titicaca, situé à la frontière du Pérou et de la Bolivie. On raconte que le premier chef des Incas aurait marché avec ses troupes jusqu'à Cuzco (qui signifie « nombril » en quechua) et qu'il aurait décidé de s'y installer après avoir pu enfoncer dans le sol un bâton en or, ce qui était le signe que le lieu était fertile.

Entre le début du XIIIᵉ siècle (vers 1230) et 1438, les Incas occupent un territoire d'environ 40 km autour de la ville de Cuzco. À partir de 1438, le territoire s'étend très rapidement, les chefs étant plus guerriers. Ainsi, en 100 ans, les Incas règnent sur une partie de la Colombie, de l'Argentine, du Chili, de l'Équateur, du Pérou et de la Bolivie. Vers 1530, on évalue que le territoire comptait environ 14 millions d'habitants.

En 1532, Francisco Pizarro, un conquistador espagnol accompagné de seulement 180 hommes, fait pourtant tomber cet « empire » en très peu de temps. Comment expliquer cela ? Il semble que les Incas étaient affaiblis par des guerres intestines de succession et de pouvoir. De plus, les capacités militaires des Espagnols, tant sur le plan de l'armement que d'un point de vue stratégique, étaient supérieures à celles des Incas, sans compter, dit-on, que l'arrivée des Espagnols avait été annoncée par des prophéties.

---

1. *Une graine sacrée, le quinoa*, Éditions J. M. Laffont, 2004.

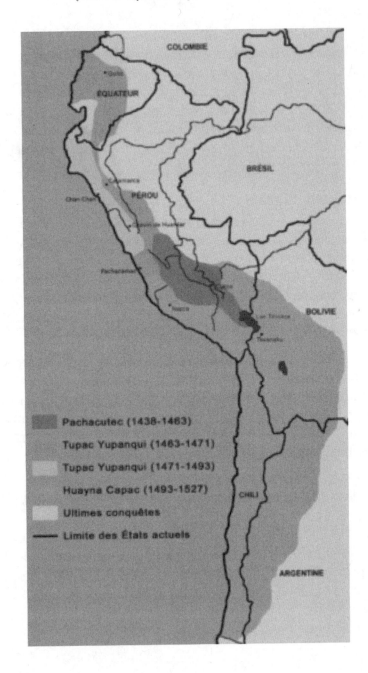

Une plante sacrée

Qu'en est-il du quinoa et des Incas?

Pour les Incas, la graine du quinoa est sacrée; elle est considérée comme la mère des céréales, la *chisya mama* ou «grain mère». Des cérémonies très complexes étaient organisées lors de l'ensemencement et de la récolte du quinoa. À chaque nouvelle saison, l'empereur plantait les premières graines de quinoa après avoir creusé un trou à l'aide d'une bêche en or, la *chilla*. Au moment de ces cérémonies, on buvait la chicha, une sorte de bière faite à partir du quinoa.

Une légende veut que la plante du quinoa soit le reste d'un repas des dieux qui auraient laissé les graines aux habitants afin qu'ils ne meurent pas de faim.

Il faut dire que cette plante pousse principalement sur l'Altiplano, la plaine la plus haute du monde après celle du Tibet; elle doit donc s'adapter à des conditions climatiques particulièrement difficiles (sécheresse et gel), ce qui a probablement contribué à sa réputation de plante magique.

Au moment des guerres incas, on rapporte que les soldats emportaient avec eux des boulettes de combat: un mélange de quinoa et de graisse.

La Pachamama (terre mère) était la divinité protectrice principale des peuples andins. Le Incas la vénéraient et, aujourd'hui encore, on lui fait des offrandes. Déesse mère par excellence (la Tierra madre), c'est grâce à elle si les sols sont fertiles et les hommes prospères. Il faut donc voir à la satisfaire et tâcher d'éviter sa colère. Or, le quinoa était le grain de la Pachamama. Lors des rituels d'offrande, on lui remettait des cochons d'Inde, diverses céréales, des feuilles de coca, une boisson fermentée de maïs et divers objets dont des poupées remplies de farine de quinoa.

La conquête espagnole (1532)

Lors de la conquête espagnole, le quinoa est cultivé du sud du Chili jusqu'au nord de la Colombie. Les Espagnols constatent alors la force que donne la céréale aux peuples autochtones, ne serait-ce que psychologiquement tant elle est sacralisée. Ils détruisent alors les champs, interdisent sa culture, sa consommation et sa vénération. Les habitants se tournent alors vers d'autres céréales, et le quinoa ne continue à pousser à l'état sauvage que sur les plus hautes montagnes des Andes.

• •

La théorie des signatures

En plus des interdictions de culture, des herboristes européens s'emploient à dénigrer le quinoa. À cette époque, la théorie des signatures a le vent dans les voiles. Celle-ci affirme qu'il suffirait d'observer attentivement une plante pour en connaître son action, pour savoir, par exemple, quel organe elle peut soigner. Toute plante présenterait visuellement des signes de son utilité. Ainsi, un bleuet ressemble à un globe oculaire, donc il est bon contre les affections oculaires. Les noix, qui ressemblent souvent à un cerveau, sont bonnes pour celui-ci. Or, le quinoa n'est pas très beau à regarder. Une fois cuit, une petite pousse lui donne une étrange apparence.

En plus de cette théorie, il faut savoir que le quinoa doit être rincé à plusieurs reprises pour perdre son goût amer, ce qui peut avoir contribué à son rejet durant quelques siècles.

• •

Les XVIIIᵉ et XIXᵉ siècles

Le quinoa est tout de même importé en Europe par les colons qui s'en retournent parfois sur leur terre d'origine. Des Européens commencent à en faire la culture : ses grains nourrissent les poules, son feuillage nourrit le bétail.

En 1862 à Marseille, on le fait pousser dans plusieurs lieux de la ville. La plante du quinoa est alors considérée à la fois comme une plante alimentaire et comme une plante d'agrément. Elle décore les rues, et certains plants atteignent 3 mètres.

À la fin du xixe siècle, en Belgique, le quinoa est entré dans l'alimentation courante de la bourgeoisie. En France, il sert surtout à nourrir les animaux d'élevage. Peu à peu, sa culture sera délaissée en Europe. Pourquoi donc manger ce que les sauvages abandonnent, se dit-on. Question de mode peut-être.

Fin du xxe siècle et début du xxie siècle

Vers 1980, à la suite du programme lancé par l'ONU pour aider les indigènes de l'Altiplano, la culture du quinoa reprend de plus belle dans les Andes. L'industrie biologique investit aussi ce secteur. Misant sur les qualités nutritionnelles exceptionnelles du quinoa pour en faire la promotion, elle se lance dans la culture de ces grains[2]. À cette époque, ce sont surtout les végétariens, les végétaliens et les personnes intolérantes au gluten (nous verrons que le quinoa n'en contient pas) qui en consomment.

En 1993, la NASA étudie la possibilité d'inclure cette plante dans son programme «Controlled Ecological Life Support System». Ainsi, les voyageurs de l'espace consommeront peut-être un jour du quinoa, tellement cette plante céréale semble nutritive. Depuis les années 2000, le quinoa est considéré comme une céréale stratégique pour la sécurité alimentaire et nutritionnelle ainsi que pour la diversification.

Le quinoa est actuellement vendu un peu partout dans le monde et il est de plus en plus cultivé. La demande est si forte qu'on en produit aujourd'hui non seulement au Pérou et en Bolivie, mais également en Équateur, au Chili, en Colombie, en Argentine, au Japon, aux États-Unis, au Canada, au Royaume-Uni, en Suède et en France. D'ailleurs, l'industrie des détergents, des cosmétiques, de la papeterie et des produits phytosanitaires utilisent désormais la plante du quinoa.

---

2. Didier Perreol, l'un des premiers à s'être lancé dans l'importation du quinoa en France, raconte son histoire dans le livre *Une graine sacrée, le quinoa*.

Tristement, les habitants de l'Altiplano qui cultivent le quinoa ou qui vivent sur ce territoire consomment aujourd'hui peu de quinoa étant donné son coût très élevé. Pour eux, le quinoa est devenu un produit de luxe. On estime qu'en 2018 la production de 2009 aura doublé.

Les qualités nutritives du quinoa

Comme nous l'avons dit précédemment, le quinoa a de grandes qualités nutritives. Mais quelles sont-elles au juste ?

Les protéines

Grâce aux protéines, nous avons une belle peau, de bons muscles et de bons os. Celles-ci se trouvent dans la viande, les œufs, les fromages, les légumineuses... Or, le quinoa contient environ 13 % de protéines, ce qui est plutôt élevé quand on le compare au blé (de 10 % à 12 %), mais ce qui reste moins élevé que les légumineuses.

Si le quinoa est bien évalué sur le plan nutritif, c'est, entre autres choses, que la composition en acides aminés essentiels est plus complète que celle des céréales et des légumineuses. On dit qu'un acide aminé est essentiel quand l'humain doit l'absorber par l'alimentation, car il ne peut le fabriquer lui-même.

Certaines céréales sont déficientes en lysine, tandis que certaines légumineuses le sont en méthionine et en cystine. Pour cette raison, on suggère aux végétariens d'unir les céréales et les légumineuses pour une meilleure absorption des acides aminés. Or, tous les acides aminés essentiels se trouvent dans le grain de quinoa.

Selon la FAO (Food and Agriculture Organization) des États-Unis, le quinoa aurait les mêmes qualités protéiniques que le lait entier en poudre.

Les fibres alimentaires

Pour ce qui est des fibres alimentaires, 125 ml (1/2 tasse) de quinoa équivaut à une tranche de pain de blé entier ou à 125 ml (1/2 tasse) de riz entier. Les fibres alimentaires peuvent aider au traitement des maladies cardiovasculaires et au diabète de type 2 en régularisant les taux sanguins de cholestérol, d'insuline et de glucose. Certaines recherches précisent – vous les trouverez sur le site de Passeport santé – que le type de fibres que l'on trouve dans le quinoa favoriserait la digestion en régularisant le transit intestinal. On sait aussi que les fibres apportent une sensation de satiété.

Sans gluten

Le gluten est une protéine qu'on trouve dans plusieurs céréales. Il a un rôle de liant, c'est-à-dire qu'une fois mélangé à un liquide, il donne une texture souple à la pâte, ce qui permet de faire du pain, des gâteaux, etc. Malheureusement, certaines personnes souffrent d'intolérance au gluten. Même absorbées en petites quantités, les céréales peuvent provoquer des lésions dans l'intestin. Mais, ô miracle, le quinoa ne contient pas de gluten! C'est d'ailleurs pour cette raison que lorsqu'on fait du pain avec de la farine de quinoa, il est généralement nécessaire d'ajouter une autre farine.

Les nutriments

Les minéraux, les oligoéléments et les vitamines contribuent à notre santé. Voici ce qu'on trouve principalement dans le quinoa.

Nutriments	Rôle	Apport pour l'homme	Apport pour la femme
Manganèse	Il prévient les dommages causés par les radicaux libres et facilite le processus métabolique.	***	****
Fer	Il participe au transport d'oxygène, à la formation des globules rouges et à la fabrication de nouvelles cellules.	***	**
Cuivre	Il participe à la formation de l'hémoglobine et du collagène, et permet à l'organisme de se défendre contre les radicaux libres.	**	**
Phosphore	Il régénère les tissus et participe à la santé des os et des dents.	*	*

Magnésium	Il participe au développement osseux, à la construction des protéines, aux actions enzymatiques, à la contraction musculaire, à la santé dentaire et au fonctionnement du système immunitaire. Il joue aussi un rôle dans le métabolisme de l'énergie et la transmission de l'influx nerveux.	*	*
Zinc	Il améliore les réactions immunitaires et participe à la fabrication du matériel génétique, de la cicatrisation des plaies et du développement du fœtus. Il interagit également avec les hormones sexuelles et thyroïdiennes.	*	*
B_2 ou riboflavine	Elle joue un rôle dans le métabolisme de l'énergie de toutes les cellules. De plus, elle contribue à la croissance et à la réparation des tissus, à la production d'hormones et à la formation des globules rouges.	*	*

* Source ; ** bonne source ; *** très bonne source ; **** excellente source.

Un petit bémol : les saponines

Les saponines, des substances végétales produites par les plantes, servent, entre autres, à éloigner les insectes et les oiseaux. Les grains du quinoa en sont couverts. Les saponines donnent un goût amer aux aliments et, d'un point de vue nutritionnel, elles pourraient nuire à l'absorption de nutriments importants. Elles doivent donc être éliminées avant la consommation, ce qui se fait par frottage et par lavage lors des récoltes, tout au moins en ce qui concerne le quinoa qu'on trouve dans nos marchés. Cela dit, il vaut mieux le rincer une dernière fois avant la cuisson, ne serait-ce que pour avoir la conscience tranquille.

Des études animales suggèrent que les saponines pourraient avoir des effets antiallergènes, anti-inflammatoires et même qu'elles pourraient prévenir certains cancers. Il faudra toutefois en connaître davantage sur la question avant de penser que les saponines éloignent le cancer.

Mincir grâce au quinoa

Est-ce possible ? En soi, le quinoa ne fait pas maigrir, mais il ne fait pas engraisser non plus. Environ 222 calories pour 250 ml (1 tasse) d'un si bon grain, c'est bien peu. Si vous ne souhaitez pas prendre du poids, vous serez tout de même attentif à ajouter moins d'huile ou de sucre que les recettes le suggèrent.

Puisque le quinoa est riche en protéines, il pourrait freiner un peu le désir de trop manger. Les régimes hyperprotéinés ont bonne réputation. Ils sont efficaces, mais c'est sans compter les problèmes de santé qu'ils peuvent créer si les protéines absorbées proviennent essentiellement de viandes ou de produits laitiers. L'abus de ces aliments peut nuire à la santé cardiovasculaire. À ce titre, le fait de remplacer la viande par le quinoa permettrait d'absorber des protéines tout en évitant certains écueils.

Autre bénéfice, au même titre que les céréales, le quinoa est riche en glucides complexes. Puisque le corps les digère plus lentement, on a donc de l'énergie sur une plus longue période.

Les types de quinoa

Les grains

On trouve principalement sur le marché des grains de couleur ivoire, rouge et noire. Le quinoa ivoire est le plus utilisé.

Pour les amoureux des germinations, on peut prégermer les grains de quinoa avant la cuisson, ce qui augmenterait ses bénéfices pour la santé. Quelques heures avant de faire cuire le quinoa, on le fait tremper dans un bol, ce qui suffit pour voir les petits germes sortir de leur coquille. On cuit ensuite le quinoa selon le mode souhaité en sachant que ce sera un peu plus rapide.

La farine

On peut faire soi-même sa farine en broyant les grains non cuits au robot culinaire, mais il existe des farines de quinoa sur le marché.

Il faut se rappeler que la farine de quinoa ne contient pas de gluten. Pour faire du pain, il faut ajouter d'autres farines, sinon ce sera dense ou lourd.

La farine de quinoa a une saveur assez prégnante (une sorte d'amertume) que tout le monde n'apprécie pas. En la mélangeant avec une autre farine, on adoucit le goût.

On conserve mieux la farine au réfrigérateur.

Les flocons

Les flocons de quinoa, c'est un peu le pendant des flocons d'avoine. On peut en faire un porridge nourrissant, mais le goût est un peu surprenant. Très nourrissant, avec des fruits et du sirop d'érable ou du miel, vous pourrez en faire un bon petit déjeuner.

Dans une omelette, les flocons agiront un peu comme la pomme de terre des tortillas.

On peut également en faire des préparations pour les bébés.

Les pousses ou les germes

Il est possible de faire des grains germés de quinoa ; toutefois, ça ne marche pas à tous les coups. Si vous avez un germoir, vous aurez plus de succès. Faites-le dans un endroit clair mais pas directement au soleil, à une température d'environ 20 °C. Voici la marche à suivre.

- Utilisez un grand bocal (tel un pot de confiture).
- Déposez 30 ou 45 ml (2 c. ou 3 c. à soupe) de graines dans ce bocal.
- Couvrez-les complètement d'eau.
- Couvrez l'entrée du bocal d'un morceau de mousseline fine (ou un bas de nylon) et faites tenir à l'aide d'un élastique. Vous pouvez également trouer le couvercle.
- Laissez les graines recouvertes d'eau durant 2 à 3 heures.
- Rincez sous l'eau courante.

- Videz l'eau en laissant la mousseline ou le couvercle ; ainsi, les grains resteront simplement humides.

- Tournez le bocal sur lui-même afin de faire adhérer les grains sur les parois.

- Vous pouvez pencher le bocal pour que l'air circule mieux.

- Deux fois par jour, matin et soir, rincez le tout afin d'éviter que les grains s'assèchent ; ils doivent être humides sans être trop mouillés. Notez que s'il fait très chaud, il faudra rincer de 3 à 4 fois par jour.

- Votre quinoa devrait germer en 2 à 3 jours et les pousses vertes devraient apparaître de 2 à 6 jours plus tard.

- Une fois que les grains sont germés, vous pouvez les conserver au frigo quelques heures pour stopper la germination.

- On mange le quinoa germé cru. On peut l'ajouter aux sandwichs ou aux salades.

Les cuissons de base

Le quinoa se conserve bien au réfrigérateur pendant une semaine, ce qui peut être très utile dans les périodes où nous sommes très occupés. Il est possible d'en faire cuire une bonne quantité pendant le week-end et de l'ajouter à diverses recettes au cours de la semaine. Ne négligez pas cette avenue, il vous sera ainsi plus agréable de préparer les repas du soir.

D'abord, rincez bien les graines dans une passoire à mailles fines sous l'eau froide.

Ensuite, choisissez votre mode de cuisson.

Mode de cuisson 1

250 ml (1 tasse) de quinoa non cuit
375 à 500 ml (1 1/2 à 2 tasses) de liquide
Une pincée de sel (s'il ne s'agit pas d'un dessert)

Portez l'eau à ébullition, versez le quinoa, couvrez et cuisez de 10 à 12 minutes à feu doux. Laissez reposer la céréale à couvert 5 minutes.

Mode de cuisson 2

Dans un chaudron placé sur feu moyen, faites griller à sec le quinoa. Versez l'eau, ajoutez une pincée de sel. Couvrez et portez à ébullition. Laissez cuire 12 minutes à feu doux. Laissez reposer 5 minutes.

Mode de cuisson 3

250 ml (1 tasse) de quinoa blanc ou rouge
30 ml (2 c. à soupe) d'huile d'olive
430 ml (1 3/4 tasse) de bouillon de poulet ou de légumes
ou 430 ml (1 3/4 tasse d'eau) et un peu de sel

Rincez le quinoa sous l'eau froide jusqu'à ce qu'il soit clair.

Dans une casserole, chauffez l'huile d'olive à feu moyen, puis enrobez-y le quinoa.

Ajoutez l'eau et le sel ou le bouillon.

Portez à ébullition.

Baissez le feu et faites mijoter à couvert environ 15 à 20 minutes pour le quinoa blanc et environ 20 à 25 minutes pour le rouge.

Laissez reposer quelques minutes.

À cette préparation, vous n'aurez qu'à ajouter les légumes ou le fromage que vous désirez pour avoir une salade exquise.

Le rendement du quinoa

Quinoa non cuit	Eau ou bouillon	Quinoa cuit
60 ml (1/4 tasse)	125 ml (1/2 tasse)	180 ml (3/4 tasse)
80 ml (1/3 tasse)	160 ml (2/3 tasse)	250 ml (1 tasse)
125 ml (1/2 tasse)	250 ml (1 tasse)	375 ml (1 1/2 tasse)
160 ml (2/3 tasse)	310 ml (1 1/4 tasse)	500 ml (2 tasses)
180 ml (3/4 tasse)	375 ml (1 1/2 tasse)	580 ml (2 1/3 tasses)
250 ml (1 tasse)	375 à 500 ml (1 1/2 à 2 tasses)	750 ml (3 tasses)

Pour les petites quantités, mieux vaut doubler l'eau par rapport au quinoa, c'est plus simple. Mais si vous faites cuire 250 ml (1 tasse) de quinoa non cuit, ajoutez plutôt une fois et demie et un peu plus la quantité de liquide. Évidemment, ces quantités sont approximatives : elles dépendent de votre goût, de votre four et de la recette.

Quelques notes pour la lecture des recettes

Les quantités d'eau pour la cuisson du quinoa

Répétons-nous : il faut voir ce que vous préférez en essayant quelques mesures différentes pour l'eau. Personnellement, je ne double pas tout à fait.

Oignon vert, ou échalote

On devrait utiliser l'expression «oignon vert» lorsqu'on veut décrire cette plante à bulbe qu'on nomme parfois échalote au Québec.

Huile

J'ai proposé de l'huile d'olive pour la plupart des recettes. Bien entendu, vous utiliserez l'huile que vous préférez.

Sel

J'ai souvent laissé le terme «saler», mais si vous utilisez des cubes de bouillon, n'oubliez pas que c'est déjà salé.

Croquettes, galettes ou burgers

Certains parlent de croquettes, d'autres de galettes, d'autres encore de burgers. On parle de burgers quand on met la boulette entre deux tranches de pain. Pour ce qui est des galettes ou des croquettes, disons que j'ai laissé les mots initialement utilisés. N'oubliez pas d'employer le papier absorbant ou l'essuie-tout quand vous les faites cuire dans l'huile.

Les petits déjeuners

Lassi à la mangue
ou à l'ananas

Préparation : 10 minutes
Portion : 1

Ingrédients

handwritten: famille littérale — de épinards

- 45 ml (3 c. à soupe) de flocons de quinoa *handwritten: ou épinards*
- 1 yogourt nature
- 80 ml (1/3 tasse) de lait
- 15 ml (1 c. à soupe) de sucre (ou moins selon le fruit, ou pas du tout si souhaité)
- 1 mangue ou des morceaux d'ananas

Préparation

Verser tous les ingrédients dans un mélangeur. Mélanger et refroidir quelques minutes avant de boire.

Commentaire

Le lassi est une boisson traditionnelle indienne à base de yogourt. En Inde, on le consomme davantage entre les repas, mais rien ne vous empêche d'en faire une boisson du matin.

handwritten notes:
Déjeuner Isabelle Hunt
1/2 T. quinoa, 1 T. boisson soya neutre
réduire / 15 min. jusqu'à crémeux
+ graines + sirop d'érable + fruits
ou miel

Porridge au quinoa

• •

Préparation : 10 minutes
Cuisson : 15 minutes
Portions : 3 ou 4

• •

Ingrédients

- 500 ml (2 tasses) d'eau
- 250 ml (1 tasse) de quinoa non cuit
- 1/2 pomme coupée en fines tranches
- Une poignée de raisins secs
- Une pincée de cannelle
- Un peu de lait
- Miel, sirop d'érable ou sucre au goût

Préparation

Porter l'eau à ébullition, ajouter le quinoa, couvrir, réduire et laisser mijoter 10 minutes. Ajouter la pomme, les raisins et la cannelle, puis laisser mijoter encore 5 minutes ou jusqu'à ce que l'eau soit absorbée.

Servir après avoir ajouté un peu de lait et de miel.

Commentaire

Vous pouvez faire cette recette avec des flocons de quinoa (250 ml [1 tasse] d'eau pour 90 ml [6 c. à soupe] de flocons). Porter l'eau et une pincée de sel à ébullition, ajouter les flocons et cuire 2 minutes. Ajouter les morceaux de pomme, les raisins, la cannelle. Laisser tiédir un peu. Ajouter le lait et le miel. Si vous êtes à la diète, oubliez le sucre.

On peut aussi faire simplement le gruau avec les flocons, ajouter un peu de lait et un tout petit peu de sirop d'érable.

Des recettes nourrissantes et sans gluten, donc plus digestibles.

- quinoa + elm. milk + cinnamon.
   + berries.

26

Muffins au quinoa et aux canneberges

• • • • • • • • • • • • • • • • • • •

Préparation : 20 minutes
Cuisson : 25 minutes
Portions : 12 muffins

• • • • • • • • • • • • • • • • • • •

Ingrédients

- 250 ml (1 tasse) de quinoa non cuit
- 500 ml (2 tasses) d'eau
- 430 ml (1 3/4 tasse) de farine de blé entier
- 125 ml (1/2 tasse) de cassonade brune
- 7 ml (1 1/2 c. à thé) de levure chimique (poudre à pâte)
- 5 ml (1 c. à thé) de cannelle
- 125 ml (1/2 tasse) de canneberges séchées
- 180 ml (3/4 tasse) de lait
- 1 œuf
- 25 ml (2 c. à soupe) d'huile de canola
- 5 ml (1 c. à thé) d'extrait de vanille
- Huile de canola pour la cuisson

Préparation

Préchauffer le four à 180 °C (350 °F).

Vaporiser légèrement un moule à 12 muffins d'enduit pour la cuisson.

Cuire le quinoa selon le mode de cuisson 1 (voir à la page 19).

Dans un grand bol, mélanger le quinoa cuit, la farine, la cassonade, la levure chimique, la cannelle et les canneberges.

Dans un autre bol, mélanger le lait, l'œuf et l'extrait de vanille. Ajouter les ingrédients secs et mélanger le tout.

Diviser la pâte entre les 12 muffins et cuire pendant 25 minutes. Conserver dans un contenant hermétique jusqu'à 4 jours ou congeler.

Commentaire
Voici des muffins peu sucrés. Ils sont un peu lourds, mais ils vous soutiendront jusqu'au lunch.

Pain au quinoa et au fromage

Préparation : 30 minutes
Cuisson : 35 minutes
Portion : 1 pain

Ingrédients

- 250 ml (1 tasse) de lait
- 15 ml (1 c. à soupe) de jus de citron
- 250 ml (1 tasse) de farine de quinoa
- 250 ml (1 tasse) de farine de blé entier
- 5 ml (1 c. à thé) de bicarbonate de sodium
- 5 ml (1 c. à thé) de romarin séché
- 125 ml (1/2 tasse) de parmesan râpé *ou 1 t de cheddar fort*
- Un peu de sel
- 45 ml (3 c. à soupe) de beurre mou

Préparation

Chauffer le four à 190 ºC (375 ºF).

Dans un petit bol, verser le lait et le jus de citron. Réserver.

Dans un grand bol, mélanger la farine de quinoa, la farine de blé entier, le bicarbonate de sodium, le romarin, le parmesan et un peu de sel. Ajouter le beurre à l'aide d'une fourchette et mélanger pour obtenir une pâte grumeleuse. Faire un puits avec ce mélange et verser le lait au centre. Mélanger jusqu'à l'obtention d'une pâte molle.

Déposer la pâte sur une plaque recouverte d'un papier sulfurisé ou vaporisée d'un peu d'huile.

Faire une entaille sur le dessus de la boule et cuire 35 minutes au four.

Commentaire
On peut remplacer le parmesan par un cheddar âgé ; à ce moment, on mettra 250 ml (1 tasse) de ce fromage.

Pain vapeur
à la farine de quinoa

Préparation : 15 minutes
Cuisson : 1 h 30

Ingrédients

- 10 ml (2 c. à thé) de levure instantanée
- Eau tiède
- 500 ml (2 tasses) de farine de quinoa
- 10 ml (2 c. à thé) de sel
- 10 ml (2 c. à thé) de sucre
- Huile (pour cuisson)

Préparation

Délayer la levure dans un peu d'eau tiède et laisser reposer 15 minutes. Suivre les indications du sachet pour la levure instantanée.

Dans un bol, mélanger la farine de quinoa, le sel et le sucre. Ajouter la levure, délayer à la fourchette et ajouter de l'eau jusqu'à la consistance d'une pâte à gâteau.

Faire cuire pendant 1 h 30 dans un cuit-vapeur ou dans un panier cuit-vapeur (appelé communément « marguerite »). Si vous n'en avez pas, faire chauffer de l'eau dans un faitout et déposer une plus petite casserole légèrement huilée. Y verser la pâte et laisser cuire 1 h 30.

Commentaire

C'est un pain sans croûte qui se conservera mieux s'il est enrobé dans un torchon. Il sera apprécié par les gens qui ne digèrent pas le gluten. Vraiment succulent !

Les entrées
et les hors-d'œuvre

Rouleaux de printemps au quinoa

Préparation : 25 minutes
Cuisson : 10 minutes
Portions : 8 rouleaux

Ingrédients

Rouleaux

- 250 ml (1 tasse) de quinoa cuit
- 250 ml (1 tasse) de germes de haricot (fèves germées, germes de soja)
- 60 ml (1/4 tasse) de noix de cajou broyées grossièrement (facultatif)
- Une poignée de feuilles de menthe ciselées, ou basilic thaïlandais ciselé, ou coriandre fraîche ciselée
- Sel et poivre
- 8 galettes de riz (feuilles de riz)
- 8 crevettes cuites, épluchées et coupées en deux dans le sens de la longueur

Sauce pour nems

- 15 ml (1 c. à soupe) de vinaigre de riz
- 15 ml (1 c. à soupe) de nuoc-mâm
- 60 ml (4 c. à soupe) d'eau
- 15 ml (1 c. à soupe) de sucre
- 1 gousse d'ail écrasée
- Un peu de carotte râpée

Préparation

Rouleaux

Dans un bol, mélanger le quinoa cuit, les germes de haricot, les noix de cajou, la menthe (ou les autres herbes). Saler et poivrer au goût.

Mouiller la galette de riz sous le robinet d'eau tiède et l'étendre sur un linge propre ou sur une assiette trouée (conçue pour les rouleaux).

Déposer le mélange de salade et rouler un demi-tour. Faire entrer les côtés et déposer les demi-crevettes sur chaque galette (le côté le plus beau vers l'extérieur). Continuer de rouler.

Servir ou couvrir d'un linge humide et réfrigérer les rouleaux si ce n'est pas encore le moment de les servir.

Sauce pour nems

Faire chauffer le vinaigre de riz, le nuoc-mâm, l'eau et le sucre 1 ou 2 minutes. Laisser refroidir. Ajouter l'ail et la carotte, puis servir.

Commentaire

On dit parfois «germes de soja» en France et «fèves germées» au Québec; en fait, ce sont des germes de haricot.

On peut faire les rouleaux avec deux galettes plutôt qu'avec une seule; ils risquent moins de déchirer.

On peut déposer deux demi-crevettes par rouleau.

Vous pouvez voir comment les rouler sur YouTube.

Caviar de lompe et quinoa

Préparation : 20 minutes

Portions : 4

Ingrédients

- 30 g de quinoa rouge cuit dans 100 ml d'eau
- 30 g d'œufs de lompe rouge
- 1 boîte de consommé de bœuf refroidi
- 120 ml de crème sure
- Feuilles de salade
- Persil frais

Préparation

Faire réfrigérer le consommé de bœuf pendant quelques heures.

Mélanger le quinoa rouge que vous aurez fait cuire dans le double d'eau et les œufs de lompe. Réserver.

Dans une assiette, déposer les feuilles de salade. Déposer le consommé de bœuf en prenant soin de le défaire le moins possible. Ajouter la crème sure et disposer sur celle-ci le mélange de quinoa rouge et d'œufs de lompe.

Commentaire

Les œufs de lompe coûtent tout de même assez cher. Vous aurez une bonne entrée à un coût moindre en faisant ce mélange. Ce sera aussi un peu moins salé. En outre, ce sera une occasion d'une entrée originale.

On peut faire cette recette avec du quinoa noir et des œufs de lompe noire.

Boules de fromage à la crème

Préparation : 30 minutes
Cuisson : 15 minutes
Portions : 40 (ou 1 seule !)

Ingrédients

- 120 ml (1/2 tasse) de quinoa rouge ou tricolore non cuit (on trouve des sacs de quinoa des trois couleurs)
- 250 ml (1 tasse) d'eau
- 1 contenant de fromage à la crème de 250 g
- 30 ml (2 c. à soupe) de mayonnaise
- 5 ml (1 c. à thé) de jus de citron
- 375 ml (1 1/2 tasse) de cheddar fort râpé
- 60 ml (4 c. à soupe) d'oignon râpé
- 125 ml (1/2 tasse) d'olives vertes hachées
- Craquelins

Préparation

Faire cuire le quinoa selon le mode de cuisson 1 (voir à la page 19). Laisser tiédir.

Pendant ce temps, dans un bol, verser le fromage à la crème, la mayonnaise, le jus de citron, le cheddar râpé, l'oignon, les olives. Ajouter le quinoa une fois tiédi. Former des petites boules et réfrigérer avant de les servir accompagnées de craquelins.

Commentaire

Quinoa extra propose de façonner une seule boule et de garder la moitié du quinoa pour la recouvrir avant de servir.

Boulettes végétariennes

Préparation : 30 minutes
Cuisson : 1 heure
Portions : 50 (environ)

Ingrédients

- 1 oignon haché finement
- 2 gousses d'ail hachées finement (ou écrasées)
- 2,5 ml (1/2 c. à thé) de flocons de piment fort broyés
- 30 ml (2 c. à soupe) d'huile d'olive
- 125 ml (1/2 tasse) de quinoa non cuit
- 250 ml (1 tasse) d'eau (ou bouillon de légumes)
- 1 boîte de pois chiches
- 3 tranches de pain blanc coupées en cubes
- 250 ml (1 tasse) de parmesan râpé
- 60 ml (4 c. à soupe) de tomates séchées coupées en petits morceaux
- 60 ml (4 c à soupe) d'olives noires coupées en petits morceaux
- Un peu de persil ciselé
- Sel et poivre
- Farine
- Huile pour la cuisson

Préparation

Dans une casserole, faire dorer l'oignon, l'ail et les flocons de piment fort dans l'huile d'olive quelques minutes en brassant. Ajouter le quinoa et l'eau (ou le bouillon). Porter à ébullition, couvrir et laisser mijoter à feu doux une quinzaine de minutes. Laisser tiédir.

Dans un robot culinaire, réduire en purée les pois chiches, le pain et le quinoa. Incorporer le parmesan, les tomates séchées, les olives noires et le persil. Saler et poivrer.

Façonner des petites boulettes, les enfariner et les faire revenir dans l'huile de 2 à 3 minutes. Vous pouvez les servir chaudes ou tièdes.

Commentaire
Cette recette vient du site ricardocuisine.com.

Les salades

Taboulé de quinoa

Préparation : 20 minutes
Cuisson : 20 minutes
Portions :
4 en accompagnement
et 2 pour un lunch

Ingrédients

- 750 ml (3 tasses) de quinoa cuit
- 125 ml (1/2 tasse) de persil haché
- 125 ml (1/2 tasse) de menthe hachée
- 2 ou 3 oignons verts hachés finement
- 1 concombre coupé en dés
- 1 poivron orange ou jaune coupé en dés
- 2 tomates coupées en dés
- Jus de 1/2 citron et 5 ml (1 c. à thé) de zeste de citron
- Huile d'olive au goût
- Sel et poivre au goût

Préparation

Faire cuire le quinoa selon le mode de cuisson désiré.

Hacher les fines herbes et couper les légumes.

Dans un bol, mélanger le jus de citron, le zeste de citron et l'huile d'olive au goût.

Ajouter les légumes et les fines herbes à la vinaigrette.

Ajouter le quinoa à la fourchette et bien mélanger.

Saler et poivrer au goût.

LES SALADES

Salade de quinoa, de carottes et d'olives noires

Préparation : 15 minutes
Cuisson : 20 minutes
Portions :
4 en accompagnement
ou 2 pour un lunch

Ingrédients

- 500 ml (2 tasses) de quinoa cuit
- 2 carottes moyennes, râpées ou coupées en julienne
- 1 tomate coupée en dés
- 1/4 de concombre anglais coupé en dés
- 125 ml (1/2 tasse) de persil haché finement
- Une dizaine d'olives noires dénoyautées et hachées
- Huile d'olive au goût
- Jus de citron au goût
- Sel et poivre au goût

Préparation

Mélanger dans un bol le quinoa, les carottes, la tomate, le concombre, le persil et les olives.

Ajouter de l'huile d'olive et du jus de citron au goût, puis bien mélanger le tout.

Saler et poivrer au goût.

Salade de quinoa, de poivrons et de coriandre

Préparation : 15 minutes
Cuisson : 20 minutes
Portions :
4 en accompagnement
ou 2 pour un lunch

Ingrédients

- 750 ml (3 tasses) de quinoa cuit
- 1 poivron rouge coupé en dés
- 1 poivron jaune coupé en dés
- 1 poivron orange coupé en dés
- 2 ou 3 échalotes françaises ou des oignons verts hachés finement
- Une bonne poignée de coriandre fraîche ciselée
- Huile d'olive au goût
- Jus de citron au goût
- Sel et poivre au goût

Préparation

Faire cuire le quinoa selon le mode de cuisson désiré.

Mélanger dans un bol le quinoa, les poivrons, les échalotes et la coriandre.

Ajouter de l'huile d'olive et du jus de citron au goût et bien mélanger le tout.

Saler et poivrer au goût.

Commentaire

Pour les poivrons, choisissez vos couleurs préférées.

Salade asiatique

Ingrédients

- 750 ml (3 tasses) de quinoa cuit
- 60 ml (1/4 tasse) d'huile d'olive
- Quelques gouttes de tabasco
- 15 ou 30 ml (1 ou 2 c. à soupe) de sauce soya
- 30 ml (2 c. à soupe) de vinaigre de riz
- 2 oignons verts finement hachés
- Une poignée de coriandre fraîche ciselée
- 1 casseau de tomates cerises coupées en deux
- Sel et poivre

Préparation

Faire cuire le quinoa selon le mode de cuisson désiré.

Dans un saladier, mélanger tous les ingrédients. Saler et poivrer au goût. Servir.

Salade asiatique de pousses de quinoa

Préparation : 15 minutes
Portions : 4 à 6

Ingrédients
- 250 ml (1 tasse) de pousses de quinoa ou de quinoa cuit
- 250 ml (1 tasse) de chou rouge tranché finement
- 250 ml (1 tasse) de carottes râpées
- 125 ml (1/2 tasse) d'oignons verts tranchés finement

Vinaigrette
- 30 ml (2 c. à soupe) d'huile de sésame
- 30 ml (2 c. à soupe) de vinaigre de riz
- 30 ml (2 c. à soupe) de sauce soja ou tamari
- 30 ml (2 c. à soupe) de miel

Préparation
Dans un saladier, mélanger délicatement les légumes préparés.

Dans un petit bol, mélanger la vinaigrette à l'aide d'un fouet. Verser la vinaigrette sur les légumes et servir.

Commentaire
Vous pouvez ajouter des bâtonnets d'amandes grillées sur la salade avant de la servir. Pour ce faire, mettez les amandes sur une plaque au four à 180 °C (350 °F), pendant 5 à 7 minutes.

Salade mexicaine (1)

On l'appelle «mexicaine» dès qu'un des ingrédients est du maïs.

• •

Préparation : 15 minutes

Cuisson : 15 minutes

Portions : 4 à 6

• •

Ingrédients

- 250 ml (1 tasse) de quinoa non cuit
- 500 ml (2 tasses) d'eau
- Une pincée de sel
- 250 ml (1 tasse) de maïs en grains décongelé
- 125 ml (1/2 tasse) de fèves rouges cuites
- 125 ml (1/2 tasse) de pois décongelés
- 2,5 ml (1/2 c. à thé) de piments broyés (ou au goût)
- Un peu de persil haché
- 75 ml (5 c. à soupe) d'huile d'olive
- 45 ml (3 c. à soupe) de vinaigre balsamique
- Sel et poivre au goût

Préparation

Faire cuire le quinoa selon le mode de cuisson 1 (voir à la page 19). Laisser tiédir.

Dans un saladier, mélanger tous les autres ingrédients. Saler, poivrer et servir.

Salade mexicaine (2)

Préparation : 10 minutes
Cuisson : 20 minutes
Portions : 4 à 6

Ingrédients

- 250 ml (1 tasse) de maïs en grains surgelé ou frais
- 1 poivron rouge haché finement
- 2 branches de céleri hachées finement
- 1 petit avocat en dés
- 500 ml (2 tasses) de quinoa cuit
  (selon le mode de cuisson 1, voir à la page 19)
- Huile d'olive au goût
- 2,5 ml (1/2 c. à thé) de tabasco

Préparation

Mettre tous les ingrédients dans un saladier, mélanger et servir.

Salade mexicaine (3)

Préparation : 20 minutes

Cuisson : 15 minutes

Portions : 2 à 4

Ingrédients

- 250 ml (1 tasse) de quinoa non cuit
- 500 ml (2 tasses) d'eau
- Une pincée de sel
- 1 poivron vert haché finement
- 1 poivron rouge haché finement
- 1/2 concombre anglais épépiné et coupé en petits morceaux
- 4 oignons verts hachés
- 1 piment chipotle, mariné et haché
- 250 ml (1 tasse) de maïs en grains cuit et égoutté
- 540 ml (19 oz) de haricots noirs, égouttés et rincés (1 boîte)
- 10 ml (2 c. à thé) de cumin
- 125 ml (1/2 tasse) de coriandre fraîche hachée
- 30 ml (2 c. à soupe) de jus de lime
- 60 ml (4 c. à soupe) d'huile d'olive
- Sel et poivre

Préparation

Faire cuire le quinoa selon le mode de cuisson 1 (voir à la page 19). Laisser tiédir ou refroidir.

Mélanger tous les autres ingrédients ainsi que le quinoa tiédi dans un grand saladier. Réfrigérer quelques minutes avant de servir.

Quinoa à la feta, à la menthe et à la roquette

Préparation : 15 minutes
Cuisson : 15 minutes
Portions : 2 à 4

Ingrédients

- Quinoa cuit et encore chaud
- Feuilles de menthe fraîche
- Feuilles de roquette (ou de bébés épinards)
- Feta émiettée
- Un filet d'huile d'olive
- Un peu de jus de citron
- Poivre du moulin

Préparation

Mélanger tous les ingrédients.

Goûter et rectifier l'assaisonnement au besoin.

Servir la salade tiède ou froide.

Salade de quinoa, de feta et de courgette

Préparation : 15 minutes

Cuisson : 20 minutes

Portions :

4 en accompagnement
ou 2 pour un lunch

Ingrédients

- 250 ml (1 tasse) de quinoa non cuit
- 500 ml (2 tasses) d'eau
- Une pincée de sel
- 30 à 60 ml (2 à 4 c. à soupe) d'huile d'olive
- 1 oignon haché finement
- 3 courgettes en dés
- Sel et poivre
- 175 g de feta de chèvre coupée en dés (ou achetée en cubes)
- Menthe hachée au goût
- Aneth haché au goût

Préparation

Cuire le quinoa selon le mode de cuisson 1 (voir à la page 19).

Pendant ce temps, faire revenir l'oignon dans l'huile d'olive, à feu moyen, pour qu'il soit légèrement translucide.

Ajouter les courgettes et laisser cuire 5 autres minutes.

Retirer du feu, saler et poivrer.

Mélanger le quinoa (chaud ou tiède), l'oignon, les courgettes et la feta.

Ajouter la menthe et l'aneth.

Commentaire

Ce sera meilleur si le quinoa vient tout juste d'être cuit.

Quinoa à la feta
et aux amandes

Préparation : 15 minutes
Cuisson : 15 minutes
Portions : 6

½ t. cuit

Ingrédients

- 250 ml (1 tasse) de quinoa non *cuit*
- 500 ml (2 tasses) de bouillon d⸝ ⸝e légumes
- 85 g (3 oz) de feta en cubes
- 125 ml (1/2 tasse) d'amand⸝ ⸝, rôties
- 250 ml (1 tasse) de tomat⸝ ⸝pées en deux
- 1 petit poivron rouge, épé⸝ ⸝é en dés
- 1 petite courgette épluch⸝ ⸝e en dés
- 2 oignons verts hachés

Vinaigrette

- 30 ml (2 c. à soup⸝ ⸝e de vin blanc
- Jus de 1/2 lime
- 60 ml (1/4 tass⸝ ⸝ml (1 c. à soupe) d'huile d'olive
- 30 ml (2 c. à⸝ ⸝ciboulette fraîche émincée
- 15 ml (1 c.⸝ ⸝e basilic frais émincé
- Sel et poiv⸝

Préparatio⸝

Faire cuire ⸝ dans le bouillon de poulet ou de légumes. Pendant ce ter⸝⸝, préparer la vinaigrette en mélangeant tous les ingrédients.

Dans un saladier, mélanger la feta, les amandes, les tomates, le poivron, la courgette et les oignons verts. Ajouter le quinoa tiède et la vinaigrette. Mélanger, rectifier les assaisonnements et servir.

LES SALADES

53

Quinoa à la feta et aux olives

● ●

Préparation : 15 minutes

Cuisson : 15 minutes

Portions : 6

● ●

Ingrédients

- 250 ml (1 tasse) de quinoa non cuit
- 500 ml (2 tasses) d'eau
- Une pincée de sel
- 1/2 oignon vert haché finement
- 180 ml (3/4 tasse) de tomates cerises
- 125 ml (1/2 tasse) d'olives Kalamata ou olives noires
- 125 ml (1/2 tasse) de poivron vert coupé en dés
- 125 ml (1/2 tasse) de fromage feta
- 80 ml (1/3 tasse) d'huile d'olive
- 30 ml (2 c. à soupe) de vinaigre de vin rouge
- 15 ml (1 c. à soupe) de pesto au basilic ou basilic frais haché
- Sel et poivre au goût

Préparation

Faire cuire le quinoa selon le mode de cuisson 1 (voir à la page 19). Laisser tiédir. Pendant ce temps, préparer les légumes et la feta. Déposer le tout dans un saladier, puis ajouter l'huile, le vinaigre de vin rouge et le pesto. Saler et poivrer.

Commentaire

On peut réfrigérer la salade quelques minutes avant de la servir.

Quinoa aux asperges et aux tomates séchées

Préparation : 10 minutes
Cuisson : 15 minutes
Portions : 6

Ingrédients

- 375 ml (1 1/2 tasse) de quinoa non cuit
- 1 paquet d'asperges fines taillées en rondelles
- 15 ml (1c. à soupe) d'huile d'olive
- 60 ml (4 c. à soupe) de tomates séchées dans l'huile, coupées en petits morceaux
- 80 ml (1/3 tasse) de feta en dés
- 60 ml (4 c. à soupe) de noix de pin
- 15 ml (1 c. à soupe) de zeste de citron
- 30 ml (2 c. à soupe) de jus de citron
- Huile d'olive au goût
- Sel et poivre au goût

Préparation

Faire cuire le quinoa selon le mode de cuisson 1 (voir à la page 19). Laisser tiédir.

Faire revenir les asperges dans l'huile d'olive à feu doux en évitant qu'elles brunissent.

Dans un saladier, mélanger les tomates séchées dans l'huile et le quinoa. Ajouter la feta, les noix de pin, le zeste et le jus de citron ainsi que les asperges. Saler et poivrer.

Refroidir quelques minutes si désiré et servir.

Salade d'Arianne

. . . .

Préparation : 15 minutes
Cuisson : 15 minutes
Portions : 4

. . . .

Ingrédients

- 250 ml (1 tasse) de quinoa non cuit *1/4*
- 500 ml (2 tasses) d'eau
- Une pincée de sel
- 1 poivron rouge coupé en dés
- 1 poivron jaune coupé en dés
- 100 g (3 1/2 oz) de feta
- 125 ml (1/2 tasse) de persil frais
- Sel et poivre au goût

Vinaigrette

- 60 ml (4 c. à soupe) de tahini (beurre de sésame) *1*
- 75 ml (5 c. à soupe) d'huile d'olive *x*
- 45 ml (3 c. à soupe) de jus de citron *1*
- 1 ou 2 gousses d'ail hachées finement *1*   *+ un peu d'eau-*

Préparation

Cuire le quinoa selon le mode de cuisson 1 (voir à la page 19). Laisser tiédir.

Pendant ce temps, mélanger le tahini, l'huile d'olive, le jus de citron et l'ail.

Dans un grand saladier, déposer le quinoa, les poivrons, la feta et le persil. Ajouter la vinaigrette et bien mélanger. Saler et poivrer au goût, puis servir.

Quinoa et crevettes

Préparation : 25 minutes
Cuisson : 15 minutes
(pour le quinoa)
Repos : 30 minutes
Portions : 4

Ingrédients

- 250 ml (1 tasse) de quinoa non cuit
- 500 ml (2 tasses) d'eau
- Une pincée de sel
- 12 crevettes non cuites
- 15 ml (1 c. à soupe) d'huile d'olive
- 2 concombres coupés en dés
- Suprêmes de 2 pamplemousses roses coupés en dés
- 3 oignons verts finement hachés
- Une petite poignée de coriandre fraîche ciselée
- Une petite poignée de persil frais haché

Vinaigrette

- 15 ml (1 c. à soupe) de miel
- 30 ml (2 c. à soupe) de jus de citron
- 15 ml (1 c. à soupe) de vinaigre de vin blanc
- 60 ml (4 c. à soupe) d'huile d'olive
- Une pincée de cumin
- Une pincée de coriandre moulue

Préparation

Cuire le quinoa dans l'eau selon le mode de cuisson 1 (voir à la page 19). Laisser tiédir.

Faire revenir les crevettes dans l'huile d'olive jusqu'à ce qu'elles soient roses. Saler et poivrer. Retirer et réserver.

LES SALADES

Préparer la vinaigrette en mélangeant tous les ingrédients.

Dans un saladier, déposer le quinoa cuit, les concombres, les suprêmes de pamplemousse, les oignons verts, les fines herbes et les crevettes. Mélanger délicatement le tout, puis ajouter la vinaigrette.

Servir après avoir laissé reposer au frais pendant 30 minutes.

Soupe au poulet et au quinoa

Préparation : 10 minutes
Cuisson : 15 à 25 minutes
Portions : 6

Ingrédients
- 1 ou 2 branches de céleri hachées
- 1/2 ou 1 oignon haché
- 15 ml (1 c. à soupe) d'huile d'olive
- 1 1/2 litre (6 tasses) de bouillon de poulet
- 5 ml (1 c. à thé) de garam masala
- Sel et poivre au goût
- 250 ml (1 tasse) de cubes de poulet (cru ou cuit)
- 250 ml (1 tasse) de quinoa cuit
- 250 ml (1 tasse) d'épinards hachés

Préparation
Faire revenir le céleri et l'oignon dans l'huile d'olive pendant 3 ou 4 minutes. Ajouter le bouillon de poulet et porter à ébullition. Baisser le feu, ajouter le poulet cru, le garam masala, le sel et le poivre, et laisser mijoter doucement pendant 15 minutes. Si votre poulet est déjà cuit, le laisser mijoter de 5 à 10 minutes, soit le même temps que le quinoa et les épinards.

Ajouter le quinoa et les épinards, et laisser mijoter encore de 5 à 10 minutes.

LES SOUPES ET LES POTAGES

Soupe de quinoa, de poireaux, de poulet et de gingembre

Préparation : 15 minutes
Cuisson : 15 minutes
Portions : 2

Ingrédients

- 30 ml (2 c. à soupe) d'huile d'olive
- 1 poireau coupé en tranches fines
- 1 litre (4 tasses) de bouillon de poulet
- Une pincée de curcuma
- 2 cm (1 po) de gingembre râpé
- 1 petite poitrine de poulet cru ou cuit, coupée en dés
- 125 ml (1/2 tasse) de quinoa cuit (selon le mode désiré)
- 375 ml (1 1/2 tasse) d'épinards frais
- 2 oignons verts hachés très finement
- Sel et poivre au goût

Préparation

Chauffer l'huile dans une casserole. Faire revenir les tranches de poireau à feu doux pendant une dizaine de minutes.

Ajouter le bouillon, le curcuma, le gingembre et le poulet non cuit. Laisser mijoter pendant une quinzaine de minutes.

Avant de servir, ajouter le quinoa cuit, le poulet (s'il est déjà cuit), les épinards et les oignons verts. Rectifier l'assaisonnement.

Potage aux champignons

Préparation : 20 minutes
Cuisson : 25 minutes
Portions : 8 petits bols
ou 4 grands bols

Ingrédients
- 1 barquette de champignons de Paris tranchés
- 1 barquette de champignons shiitakes tranchés
- Huile d'olive et beurre
- 1 branche de céleri tranchée
- 1/2 oignon jaune haché finement
- 1 pomme de terre coupée en dés
- 1 carotte tranchée en rondelles
- 2 litres (8 tasses) de bouillon de volaille ou de légumes
- 250 ml (1 tasse) de quinoa cuit
- Persil au goût

Préparation
Couper tous les légumes.

Faire dorer les champignons dans un mélange d'huile et de beurre (ou dans l'un des deux). Réserver.

Faire revenir le céleri et l'oignon dans la casserole qui contiendra le potage.

Ajouter la pomme de terre et la carotte.

Ajouter le bouillon et porter à ébullition. Laisser mijoter 10 minutes.

Ajouter le quinoa et les champignons, laisser mijoter encore 5 minutes.

Servir et garnir de persil.

69

Potage aux légumes et au quinoa

Préparation : 15 minutes
Cuisson : 25 minutes
Portions : 4

Ingrédients

- 1 oignon haché finement
- 1 branche de céleri hachée finement
- 1 carotte coupée en rondelles fines
- Huile d'olive (pour cuisson)
- 125 ml (1 tasse) de quinoa non cuit
- 1 litre (4 tasses) de bouillon de poulet ou de légumes (ou un peu plus selon la grosseur des légumes)
- Sel et poivre
- 90 ml (6 c. à soupe) de crème à cuisson

Préparation

Faire revenir l'oignon, le céleri, la carotte dans un peu d'huile d'olive pendant 3 ou 4 minutes. Ajouter le quinoa et continuer à cuire pendant 2 minutes.

Ajouter le bouillon, puis saler et poivrer au goût. Porter à ébullition, puis laisser cuire à feu moyen ou doux pendant une quinzaine de minutes.

Retirer du feu, ajouter la crème à cuisson, mélanger et servir.

Rectifier l'assaisonnement.

Potage au poisson fumé et au quinoa

Préparation : 15 minutes
Cuisson : 30 minutes
Portions : 4 à 6

Ingrédients

- 1 poireau émincé
- 15 ml (1 c. à soupe) d'huile d'olive
- 1 pincée de safran
- 80 ml (1/3 tasse) de quinoa non cuit
- 1 ou 2 pommes de terre rouges coupées en dés
- 1 1/2 litre (6 tasses) de bouillon de poulet
- 125 ml (1/2 tasse) de pois chiches en boîte
- Poisson fumé (truite ou maquereau), sans la peau, coupé en morceaux
- Sel et poivre au goût
- 15 ml (1 c. à soupe) de persil frais ciselé
- 45 ml (3 c. à soupe) d'aneth frais ciselé
- 30 ml (2 c. à soupe) de câpres rincées
- 15 ml (1 c. à soupe) de zeste de citron

Préparation

Faire revenir le poireau dans un peu d'huile d'olive pendant environ 5 minutes. Ajouter le safran, le quinoa, les pommes de terre et laisser cuire quelques minutes encore. Ajouter le bouillon de poulet et porter à ébullition. Ajouter les pois chiches, puis faire mijoter à feu doux une dizaine de minutes. Ajouter le poisson fumé et laisser encore cuire 5 minutes. Saler et poivrer au goût.

Dans un bol, mélanger le persil, l'aneth, les câpres et le zeste de citron.

Verser la soupe dans des bols de service, ajouter le mélange précédent et servir.

Velouté de quinoa à l'ail

Préparation : 10 minutes
Cuisson : 20 minutes
Portions : 4

Ingrédients

- Huile d'olive (pour la cuisson)
- 3 gousses d'ail écrasées
- 500 ml (2 tasses) de lait d'amande
- 500 ml (2 tasses) d'eau
- 125 ml (1/2 tasse) de quinoa non cuit
- 1 pincée de muscade en poudre
- Sel et poivre au goût
- Persil

Préparation

Chauffer l'huile dans une casserole. Ajouter l'ail et faire revenir pendant 5 minutes. Ajouter le lait d'amande, l'eau. Verser le quinoa. Brasser. Porter à ébullition et faire cuire à feux doux pendant une vingtaine de minutes tout en brassant à quelques reprises. Ajouter la muscade, puis saler et poivrer au goût. Servir après avoir parsemé la soupe de persil.

pizza crémeuse au romarin, à l'ail et à la pomme de terre

PRÉP. 20 min **PRÊT EN** 35 min
DONNE 12 portions

ce qu'il vous faut

700 g de pâte à pizza réfrigérée

2 c. à soupe de romarin frais haché

3 c. à soupe d'huile d'olive

1 gousse d'ail, hachée finement

1 pomme de terre Yukon gold
(150 g), tranchée très finement

1 petit oignon, tranché finement

2½ tasses de fromage râpé
Mozza crémeux **Kraft** avec
un **soupçon de Philadelphia**

pain au
fromage,
aux herbes
et à l'ail

Crème froide de quinoa et de concombre

Préparation : 15 minutes
Cuisson : 15 minutes
Refroidissement : 1 heure
Portions : 4

Ingrédients

- 60 ml (1/4 tasse) de quinoa non cuit ou environ 250 ml (1 tasse) de quinoa cuit
- 1 concombre
- 1 avocat
- 1 yogourt nature
- 1 poignée de feuilles de menthe hachées
- Jus de 1 citron (au goût)
- 45 ml (3 c. à soupe) d'huile d'olive
- Sel et poivre
- Un peu de cari
- Quelques feuilles de menthe

Préparation

Faire cuire le quinoa selon le mode de cuisson 2 (voir à la page 20). Le laisser refroidir.

Éplucher et épépiner le concombre. Éplucher et dénoyauter l'avocat. Mélanger ensemble le concombre, l'avocat, le yogourt, les feuilles de menthe, le jus du citron et l'huile d'olive. Saler et poivrer au goût. Laisser refroidir au réfrigérateur pendant 1 heure.

Verser dans de petits ramequins, saupoudrer d'un peu de cari et déposer une ou deux feuilles de menthe. Servir.

Les plats principaux

Tomates farcies au quinoa et au gruyère

Préparation : 15 minutes
Cuisson : 15 minutes
+ 20 minutes
Portions : 4

Ingrédients

- 250 ml (2 tasses) de quinoa cuit
  (donc, faire cuire 180 ml [2/3 tasse] de quinoa)
- 8 tomates
- 1 oignon haché finement
- 1 gousse d'ail émincée
- 30 ml (2 c. à soupe) d'huile d'olive
- 45 ml (3 c. à soupe) de crème fraîche
- 80 ml (1/3 tasse) de gruyère râpé
- Sel et poivre au goût

Préparation

Faire cuire le quinoa.

Évider les tomates.

Faire revenir l'oignon et l'ail dans un peu d'huile.

Verser le quinoa, la crème, la moitié du gruyère, l'oignon et l'ail dans un bol. Bien mélanger et farcir les tomates.

Parsemer les tomates du reste du fromage.

Faire cuire au four pendant 20 minutes à 180 °C (350 °F).

Tomates farcies au quinoa, aux amandes et aux raisins

Préparation : 20 minutes

Attente : 2 à 8 heures

Cuisson : 30 minutes

Portions : 4 portions

Ingrédients

- 500 ml (2 tasses) de quinoa cuit
  (donc, faire cuire 180 ml [2/3 tasse] de quinoa)
- 8 tomates
- Sel
- Une poignée de raisins de Corinthe (raisins secs)
- 60 ml (4 c. à soupe) d'amandes effilées
- Ciboulette hachée au goût
- 5 ml (1 c. à thé) de cardamome
- Un peu de muscade râpée
- 5 ml (1 c. à thé) de graines de coriandre
- 10 ml (1 c. à thé) de gingembre haché finement
- Huile d'olive pour la cuisson

Préparation

Faire cuire le quinoa.

Découper un chapeau aux tomates et les évider à l'aide d'une cuillère.

Saler l'intérieur et les laisser dégorger tête en bas sur une grille.

Couper la chair en cubes.

Mélanger la chair des tomates, le quinoa, les raisins, les amandes, la ciboulette, la cardamome, la muscade, la coriandre et le gingembre, puis laisser reposer au réfrigérateur durant quelques heures.

Farcir les tomates et replacer les chapeaux.

Déposer les tomates dans un plat huilé et faire cuire 30 minutes dans un four préchauffé à 180 °C (350 °F).

Tortillas aux flocons de quinoa

Préparation : 15 minutes
Cuisson : 10 à 12 minutes
Portions : 4

Ingrédients

- 250 ml (1 tasse) de flocons de quinoa
- 500 ml (2 tasses) d'eau
- Une pincée de sel
- 6 œufs
- 45 ml (3 c. à soupe) de lait
- Fines herbes fraîches au choix, hachées finement (ciboulette, thym, cerfeuil, coriandre...)
- 1/2 oignon haché finement
- Huile d'olive
- Sel et poivre

Préparation

Faire cuire les flocons de quinoa dans l'eau bouillante avec une pincée de sel pendant 5 minutes. Laisser tiédir.

Battre les œufs en omelette, ajouter le lait, les fines herbes, du sel et du poivre. Verser le quinoa et mélanger.

Faire revenir l'oignon dans une poêle dans un peu d'huile tout en mélangeant.

Verser le mélange d'œufs et le quinoa dans la poêle. Laisser cuire à feu moyen-doux pendant 5 minutes. Servir chaud ou froid.

Commentaire

On peut aussi utiliser moins de flocons de quinoa, soit 80 ml (1/3 tasse) et on aura une simple omelette.

LES PLATS PRINCIPAUX

Cari végétarien

• •

Préparation : 40 minutes
Cuisson : 25 minutes
Portions : 6 à 8

• •

Ingrédients

- 1 oignon haché finement
- 1 petit piment jalapeño épépiné et haché finement
- 45 ml (3 c. à soupe) d'huile d'olive
- 310 ml (1 1/4 tasse) de quinoa non cuit
- Une poignée d'amandes en bâtonnets
- Sel et poivre
- 2 gousses d'ail hachées finement
- 5 ml (1 c. à thé) de poudre de cari
- 5 ml (1 c. à thé) de garam masala
- 2,5 ml (1/2 c. à thé) de cumin moulu
- 625 ml (2 1/2 tasses) de bouillon de poulet ou de légumes
- 500 ml (2 tasses) de courgette coupée en dés
- 1 litre (4 tasses) de chou-fleur coupé en petits bouquets
- 1 poivron rouge épépiné et coupé en dés
- 60 ml (1/4 tasse) de coriandre fraîche ciselée

Préparation

Dans une casserole, faire dorer l'oignon et le piment dans l'huile. Ajouter le quinoa et les amandes, puis faire revenir jusqu'à ce qu'ils soient légèrement dorés. Saler et poivrer. Ajouter l'ail et les épices, puis poursuivre la cuisson 1 minute en remuant.

Ajouter le bouillon et les légumes. Porter à ébullition. Couvrir et laisser mijoter doucement une quinzaine de minutes. Retirer du feu et remuer.

Ajouter la coriandre. Laisser reposer à couvert jusqu'à ce que le quinoa ait absorbé tout le liquide, environ 5 minutes. Rectifier l'assaisonnement. Servir.

Le quinoa de Maryse

• •

Préparation : 15 minutes
Cuisson : 20 minutes
Portions : 2 à 4

• •

Ingrédients

- 250 ml (1 tasse) de quinoa non cuit ou 750 ml (3 tasses) de quinoa cuit
- 1 oignon coupé finement
- 1 poivron coupé finement
- 2 carottes coupées en 2 ou en 4 morceaux, puis en rondelles
- 30 ml (2 c. à soupe) d'huile d'olive
- 1 gousse d'ail hachée finement
- 30 ml (2 c. à soupe) de sauce tamari
- Un peu de gingembre haché finement
- 5 ml (1c. à thé) de carvi
- 5 ml (1c. à thé) de curcuma
- Sel et poivre

Préparation

Faire cuire le quinoa selon le mode de cuisson 2 (voir à la page 20).

Pendant ce temps, faire revenir l'oignon, le poivron, les carottes dans un peu d'huile d'olive. Ajouter l'ail et laisser cuire encore 2 minutes. Ajouter la sauce tamari, le gingembre, le carvi et le curcuma. Saler et poivrer. Laisser cuire encore 1 minute. Ajouter le quinoa, brasser et laisser cuire encore quelques minutes. Servir.

Commentaire

Utilisez tout légume que vous ne voulez pas perdre.

Galettes de quinoa au chèvre

Préparation : 15 minutes
Cuisson : 15 minutes (quinoa)
+ 15 minutes
Portions : 16 galettes

Ingrédients

- 500 ml (2 tasses) de quinoa cuit
- 4 œufs
- Origan
- Sel et poivre au goût
- 1/2 oignon rouge haché finement
- 1 poignée de persil haché
- 125 ml (1/2 tasse) de fromage de chèvre en morceaux
- 125 ml (1/2 tasse) de parmesan grossièrement râpé
- 180 ml (3/4 tasse) de chapelure
- Huile d'olive

Préparation

Dans un bol, mélanger le quinoa et les œufs battus. Assaisonner au goût (sel, poivre, origan). Ajouter l'oignon rouge, le persil, le parmesan et le fromage de chèvre. Incorporer la chapelure et mélanger.

Façonner le mélange en galettes et les déposer sur une plaque de cuisson huilée. Badigeonner le dessus des galettes d'un soupçon d'huile d'olive.

Cuire 10 minutes à 230 ºC (450 ºF), puis retourner les galettes. Cuire encore 5 minutes ou jusqu'à ce que les galettes soient fermes et bien dorées.

Servir immédiatement ou manger à la température de la pièce.

On peut également les faire dorer dans une poêle huilée sur la cuisinière.

83

Croquettes de quinoa, sauce au yogourt

• •
Préparation : 15 minutes
Cuisson : 15 minutes
Portions : 16
• •

Ingrédients

- 375 ml (1 1/2 tasse) de quinoa cuit
  (donc, faire cuire 125 ml [1/2 tasse] de quinoa non cuit)
- 4 œufs
- 1 carotte râpée
- 1 oignon haché très finement
- 1 branche de céleri tranchée très finement
- Mie de pain (ou chapelure)
- Sel et poivre
- 1 gousse d'ail écrasée
- 10 ml (2 c. à thé) de coriandre moulue
- 10 ml (2 c. à thé) de cumin
- Huile d'olive

Sauce au yogourt

- 1/2 gousse d'ail hachée finement (ou au presse-ail)
- Un peu d'eau
- 2 petits yogourts nature
- 1/2 citron (le jus)
- Sel et poivre

Préparation

Dans un bol, mélanger le quinoa cuit et les œufs battus.

Ajouter la carotte, l'oignon et le céleri. Mélanger.

Incorporer la mie de pain ou la chapelure. Ajouter le sel, le poivre, la gousse d'ail écrasée, la coriandre et le cumin, puis mélanger.

Façonner le mélange en galettes (environ 16) et déposer sur une plaque de cuisson huilée. Badigeonner le dessus des croquettes d'un soupçon d'huile d'olive.

Cuire 10 minutes à 230 °C (450 °F), puis retourner les croquettes. Cuire encore 5 minutes ou jusqu'à ce que les croquettes soient fermes et bien dorées.

Servir immédiatement ou manger à la température de la pièce.

Sauce au yogourt
Dans un bol, mélanger l'ail et l'eau. Ajouter le yogourt, le jus du citron, le sel et le poivre, puis mélanger.

Commentaire
La sauce est une création de *À la di Stasio*.

Croquettes de quinoa à la truite fumée

Préparation : 15 minutes

Cuisson : 15 minutes (quinoa)
+ 10 minutes

Portions : 8 croquettes

Ingrédients

- 500 ml (2 tasses) de quinoa cuit
- 227 g (1/2 lb) de truite fumée coupée en petits morceaux (ou 375 ml [1 1/2 tasse])
- 3 oignons verts hachés finement
- 125 ml (1/2 tasse) de feuilles de coriandre hachées
- 90 ml (6 c. à soupe) de farine de blé entier (ou de farine blanche)
- 2 œufs battus
- 5 ml (1 c. à thé) de zeste de lime
- 2,5 ml (1/2 c. à thé) de poudre de chili
- Sel et poivre au goût
- 30 ml (2 c. à soupe) d'huile d'olive

Mayonnaise à la lime

- 125 ml (1/2 tasse) de mayonnaise
- 10 ml (2 c. à thé) de jus de lime
- 5 ml (1 c. à thé) de zeste de lime
- Piment serrano (enlever les graines et déveiner)

Préparation

Cuire le quinoa selon le mode de cuisson 1 (voir à la page 19). Laisser tiédir.

Préparer la mayonnaise à la lime dans un petit bol en mélangeant tous les ingrédients.

Déposer tous les ingrédients des croquettes dans un grand bol, sauf l'huile d'olive, et bien mélanger. Couper la préparation en huit portions.

Humidifier les mains et former des croquettes épaisses en pressant fermement la pâte. Cuire dans une poêle huilée 4 minutes de chaque côté. Manger les croquettes tièdes avec la mayonnaise parfumée.

Croquettes de quinoa aux poireaux et aux carottes

●●●●●●●●●●●●●●●●●●●●●

Préparation : 15 minutes

Cuisson : 15 minutes

Portions : 7 croquettes

●●●●●●●●●●●●●●●●●●●●●

Ingrédients

- 1/3 à 1/2 poireau émincé
- 1 carotte râpée
- Un peu d'huile d'olive pour la cuisson
- Herbes fraîches au choix (thym, basilic, aneth, coriandre, etc.) hachées finement ou des herbes séchées
- Sel et poivre au goût
- 250 ml (1 tasse) de quinoa cuit
- 1 œuf

Préparation

Faire revenir le poireau et la carotte dans l'huile pendant une dizaine de minutes. Ajouter les fines herbes, le sel et le poivre.

Laisser tiédir ce mélange dans un bol, puis ajouter le quinoa cuit et l'œuf. Bien mélanger et faire de petites croquettes. Les faire dorer dans une poêle huilée.

Croquettes de quinoa aux patates douces

Préparation : 15 minutes
Cuisson : 30 minutes
Portions : 10

Ingrédients

- 80 ml (1/3 tasse) de quinoa non cuit (250 ml [1 tasse] de quinoa cuit)
- 1 grosse patate douce pelée et râpée
- 1/2 oignon rouge râpé (ou un peu moins)
- 1 gousse d'ail pilée
- 125 ml (1/2 tasse) de fromage feta grec émietté
- 2 œufs battus
- 30 ml (2 c. à soupe) de menthe ciselée
- 30 ml (2 c. à soupe) d'aneth ciselé
- 30 ml (2 c. à soupe) de farine de quinoa
- Sel et poivre au goût
- 45 ml (3 c. à soupe) d'huile d'olive pour la cuisson

Préparation

Faire cuire le quinoa selon le mode de cuisson 2 (voir à la page 20) et le laisser tiédir.

Dans un grand bol, mélanger le quinoa, la patate douce, l'oignon, la gousse d'ail, le fromage feta, les œufs, la menthe, l'aneth et la farine de quinoa. Saler et poivrer. Former quatre croquettes avec vos mains ou huit croquettes avec une cuillère à crème glacée.

Faire chauffer l'huile sur le feu et y faire revenir les croquettes à feu moyen-doux pendant environ 5 minutes de chaque côté.

Commentaire
Si vous n'avez pas de farine de quinoa, remplacez-la par une autre farine.

Galettes de quinoa aux fines herbes et au fromage

Préparation : 15 minutes

Cuisson : 15 minutes (quinoa)
+ 15 minutes

Portions : 14 petites galettes

Ingrédients

- 125 ml (1/2 tasse) de quinoa non cuit
  (375 ml [1 1/2 tasse] de quinoa cuit)
- 2 œufs entiers
- 80 ml (1/3 tasse) d'eau
- 60 ml (4 c. à soupe) de farine de quinoa
- Sel et poivre au goût
- 30 ml (2 c. à soupe) de moutarde de Dijon
- 1 petit oignon haché finement
- 1 gousse d'ail émincée
- 60 ml (4 c. à soupe) de fromage râpé
  (parmesan, emmenthal, cheddar fort)
- Une poignée d'herbes fraîches émincées
  (basilic, ciboulette, coriandre...)
- 250 ml (1 tasse) de pousses de graines germées
  (facultatif)
- Huile d'olive pour la cuisson

Préparation

Faire cuire le quinoa selon le mode de cuisson 1 (voir à la page 19).

Dans un grand bol, battre les œufs, ajouter l'eau et mélanger. Verser la farine, saler, poivrer et ajouter la moutarde. Mélanger bien. Ajouter l'oignon émincé, l'ail, le fromage et les herbes.

Incorporer le quinoa et les pousses de graines germées. Rectifier l'assaisonnement. Façonner des petites galettes à l'aide d'une cuillère à crème glacée ou d'une simple cuillère, puis les faire cuire dans un peu d'huile d'olive environ 4 minutes de chaque côté. Déposer sur un papier absorbant pour retirer l'excès d'huile.

Commentaire
Les quantités ne varieront pas si on n'ajoute pas de pousses de quinoa.

Croquettes de quinoa et de jambon

Préparation : 20 minutes
Cuisson : 10 minutes
Portions : 4

*½ recette =
4 petites
croquettes*

Ingrédients

utilisé mélange de 5 grains :
quinoa
amaranthe
riz, sarrasin
fins bruns

- 125 ml (1/2 tasse) de quinoa non cuit
  (environ 375 ml [1 1/2 tasse] de quinoa cuit)
- 2 œufs
- 30 ml (2 c. à soupe) de moutarde de Dijon
- 60 ml (1/4 tasse) de chapelure nature ou de mie de pain (30 ml [2 c. à soupe] de farine)
- Poivre
- 3 oignons verts finement hachés
- 500 ml (2 tasses) de jambon cuit haché *½ t.*
- 60 ml (1/4 tasse) d'huile d'olive (pour la cuisson)

Sauce

- 125 ml (1/2 tasse) de pindjur
  (tartinade de poivrons rouges rôtis[3])
- 60 ml (1/4 tasse) de mayonnaise
- 2 oignons verts émincés finement
- 5 ml (1 c. à thé) de sauce Worcestershire
- Sel et poivre au goût

Préparation

Préparer le quinoa selon le mode de cuisson 2 (voir à la page 20) et le laisser tiédir.

---

3. On en trouve au Québec dans les épiceries, dans le rayon des poivrons grillés, de marques Cédar et Clic.

93

Dans un grand bol, battre les œufs et la moutarde. Verser la chapelure et poivrer. Mélanger bien. Ajouter les oignons verts, le jambon et le quinoa. Rectifier l'assaisonnement (à cause du jambon, penser à ajouter moins de sel ou l'omettre). Façonner des galettes avec vos mains et les faire cuire dans un peu d'huile d'olive environ 4 minutes de chaque côté (en les tournant deux fois). Déposer sur un papier absorbant pour retirer l'excès d'huile.

Pendant la cuisson des croquettes, déposer tous les ingrédients de la sauce dans un bol et bien mélanger.

Commentaire

Vous pouvez faire de grosses croquettes (environ quatre) ou plusieurs petites. À ce moment, rajustez le temps de cuisson. Une recette inspirée de l'émission *Clodine* (février 2012).

Burgers de poulet et de quinoa

● ● ● ● ● ● ● ● ● ● ● ● ● ● ● ● ● ● ● ●

Préparation : 30 minutes

Cuisson : 20 minutes

Portions : 4

● ● ● ● ● ● ● ● ● ● ● ● ● ● ● ● ● ● ● ●

Ingrédients

Boulettes

- 250 ml (1 tasse) de quinoa cuit
- 1 œuf
- 30 ml (2 c. à soupe) d'eau
- 30 ml (2 c. à soupe) de farine
- 500 ml (2 tasses) de poulet haché
- 30 ml (2 c. à soupe) de tomates séchées hachées
- 30 ml (2 c. à soupe) d'olives noires hachées
- 1 ou 2 oignons verts hachés finement
- Sel et poivre au goût

Sauce

- 125 ml (1/2 tasse) de mayonnaise
- 60 ml (1/4 tasse) de cornichons à l'aneth hachés
- 15 ml (1 c. à soupe) de moutarde de Dijon
- 15 ml (1 c. à soupe) de sauce chili

Burgers

- 4 pains à hamburger
- Au goût : des tranches de fromage, des rondelles d'oignon rouge, des rondelles de tomate et de la laitue

Préparation

Faire cuire le quinoa selon le mode de cuisson 2 (voir à la page 20) et le laisser tiédir.

Dans un bol, mélanger l'œuf, l'eau et la farine. Ajouter le poulet, les tomates séchées, les olives noires, les oignons verts, le quinoa cuit, du sel et du poivre. Bien mélanger. Façonner quatre boulettes.

Dans une poêle antiadhésive, chauffer l'huile à feu vif et faire cuire les galettes de 5 à 7 minutes de chaque côté en les tournant régulièrement pour qu'elles ne brûlent pas. Baisser le feu en cours de cuisson. Si le poulet est cru, vous assurer de faire cuire suffisamment longtemps les boulettes.

Préparer la sauce en mélangeant tous les ingrédients. Puis, confectionner les burgers.

Croquettes de poulet et de quinoa

Préparation : 15 minutes
Cuisson : 15 minutes (quinoa)
+ 15 minutes
Portions : 8 croquettes

Ingrédients

- 250 ml (1 tasse) de quinoa cuit
- 1 blanc de poulet
- Un peu de beurre (pour la cuisson)
- Sel et poivre au goût
- 1/2 oignon haché finement
- Une petite poignée de persil frais haché finement
- Une petite poignée de menthe fraîche hachée finement
- 80 ml (1/3 tasse) de lait
- 2 œufs
- 30 ml (2 c. à soupe) de graines de sésame
- 30 ml (2 c. à soupe) de chapelure
- 1 œuf
- Un peu d'huile d'olive pour la cuisson

Préparation

Faire cuire le quinoa selon le mode de cuisson 2 (voir à la page 20). Laisser tiédir.

Faire dorer le blanc de poulet à la poêle pendant une dizaine de minutes dans le beurre. Saler et poivrer. Réserver.

Faire revenir l'oignon dans un peu de beurre. Réserver.

Au robot culinaire, hacher menu le poulet et le quinoa, puis réserver.

Dans un grand bol, mélanger l'oignon, le persil et la menthe. Mouiller avec un peu de lait. Ajouter le mélange de quinoa et de poulet. Saler et poivrer s'il y a lieu. Casser deux œufs, mélanger.

Façonner des croquettes de la grosseur d'une grosse noix. Il est possible aussi de faire des croquettes un peu plus grosses, mais elles tiendront peut-être moins facilement.

Dans une assiette, préparer un mélange de graines de sésame et de chapelure.

Dans un autre petit bol, casser un œuf et le battre.

Rouler les boulettes dans l'œuf, puis dans les graines de sésame et la chapelure.

Faire dorer dans l'huile chaude 4 ou 5 minutes de chaque côté.

Pilaf de quinoa et légumes (1)

Préparation : 25 minutes
Cuisson : 30 minutes
Portions : 4 pour un plat principal et 8 en accompagnement

Ingrédients

- 15 ml (1 c. à soupe) d'huile d'olive
- 1 poireau tranché
- 3 gousses d'ail émincées
- 2 branches de céleri tranchées
- 1 poivron vert coupé en dés
- 250 ml (1 tasse) de brocoli en petits bouquets
- 125 g (4 oz) de champignons tranchés
- 2 tomates coupées en dés
- 250 ml (1 tasse) de quinoa non cuit
- 500 ml de bouillon de légumes
- 2 feuilles de laurier
- Un peu de basilic ou d'origan frais
- Une pincée de safran
- Une pincée de poivre de Cayenne
- Sel

Préparation

Faire revenir le poireau dans l'huile, ajouter l'ail et continuer à cuire 1 minute.

Ajouter le céleri, le poivron, le brocoli et les champignons, puis laisser cuire 5 minutes.

Ajouter les tomates, le quinoa et le bouillon de légumes. Porter à ébullition, couvrir et laisser mijoter à feu doux une vingtaine de minutes jusqu'à ce que l'eau soit absorbée.

Ajouter les fines herbes, le safran, le poivre de Cayenne et le sel. Brasser délicatement 1 minute et servir.

Pilaf de quinoa et légumes (2)

Préparation : 15 minutes
Cuisson : 15 minutes
Portions : 4

Ingrédients
- 1 oignon coupé en dés fins
- 1 carotte tranchée finement
- 1 poivron rouge coupé en dés
- 15 ml (1 c. à soupe) d'huile d'olive
- 250 ml (1 tasse) de quinoa non cuit
- 375 ml (1 1/2 tasse) d'eau
- Sel
- 150 g (5 1/2 oz) de pois chiches (d'une boîte de conserve)
- Une pincée de cannelle moulue
- Une pincée de cumin moulu

Préparation
Faire revenir les légumes dans une casserole huilée pendant 5 minutes. Ajouter le quinoa et l'eau et un peu de sel. Porter à ébullition. Couvrir, laisser mijoter doucement pendant 10 minutes. Ajouter les pois chiches et les épices, brasser, couvrir et laisser encore cuire 10 minutes. Rectifier l'assaisonnement si nécessaire.

Pilaf de quinoa et légumes (3)

Préparation : 10 minutes
Cuisson : 20 minutes
Portions : 4

Ingrédients

- 1 oignon blanc haché
- 1 poivron rouge haché
- 1 poivron vert haché
- 1 poivron jaune haché
- 1 ou 2 branches de céleri hachées
- 1 carotte coupée en rondelles
- 45 ml (3 c. à soupe) d'huile d'olive
- 2 gousses d'ail hachées finement
- 500 ml (2 tasses) de bouillon de légumes
- 250 ml (1 tasse) de quinoa non cuit
- Une poignée d'amandes effilées
- Origan au goût
- Sel et poivre

Préparation

Faire revenir les légumes dans une casserole huilée pendant 5 minutes. Ajouter l'ail et continuer à cuire 2 minutes. Ajouter le bouillon de légumes et le quinoa, puis porter à ébullition. Baisser le feu, couvrir et laisser mijoter 10 minutes. Ajouter les amandes et l'origan, saler et poivrer. Faire cuire encore 5 minutes.

Les accompagnements

Quinoa aux épinards

Préparation : 10 minutes
Cuisson : 15 minutes
Attente : 10 minutes
Portions : 4

Ingrédients

- 1 oignon haché finement
- 1 gousse d'ail hachée finement
- 15 ml (1 c. à soupe) d'huile d'olive
- Sel et poivre
- 1 1/2 litre (6 tasses) de bouillon de poulet ou de légumes
- 250 ml (1 tasse) de quinoa non cuit
- 250 ml (1 tasse) d'épinards frais hachés

Préparation

Dans une casserole, faire revenir l'oignon et l'ail dans l'huile. Saler et poivrer. Ajouter le bouillon de poulet ou de légumes et le quinoa. Porter à ébullition, couvrir, baisser le feu et laisser mijoter une quinzaine de minutes à feu doux. Incorporer les épinards, couvrir et laisser reposer une dizaine de minutes.

LES ACCOMPAGNEMENTS

Quinoa à l'indienne

· ·

Préparation : 10 minutes
Cuisson : 15 minutes
Portions : 750 ml ou 1 litre
(3 ou 4 tasses) de quinoa cuit

· ·

Ingrédients
- 2 échalotes françaises hachées finement
- Huile d'olive
- 250 ml (1 tasse) de quinoa non cuit
- 410 ml (1 2/3 tasse) de bouillon de poulet ou de légumes
- 5 ml (1 c. à thé) de garam masala
- Une poignée de pignons
- Une poignée de raisins de Corinthe

Préparation
Dans une casserole, faire revenir les échalotes françaises dans l'huile 1 ou 2 minutes.

Ajouter le quinoa, mélanger et laisser griller 1 ou 2 minutes.

Ajouter le bouillon de poulet ou de légumes, mélanger et porter à ébullition.

Ajouter le garam masala, les pignons et les raisins de Corinthe.

Couvrir et laisser mijoter de 10 à 15 minutes.

Laisser reposer 5 minutes en laissant le couvercle sur la casserole.

Commentaire
Cette recette accompagne très bien une viande grillée.

Quinoa aux courgettes et aux raisins secs

Préparation : 30 minutes

Cuisson : 20 minutes

Portions : 4

Ingrédients

- 5 ml (1 c. à thé) de zeste de citron
- 45 ml (3 c. à soupe) de jus de citron
- 2 petites courgettes émincées (ou en julienne)
- 60 ml (4 c. à soupe) de graines de sésame grillées (dans une poêle à sec à feu vif – attention, ça va vite !)
- 60 ml (4 c. soupe) d'aneth
- 6 oignons verts hachés finement
- 15 ml (1 c. à soupe) d'huile d'olive
- Sel au goût
- 250 ml (1 tasse) de quinoa non cuit
- 430 ml (1 3/4 tasse) d'eau
- 125 ml (1/2 tasse) de raisins secs
- Sel et poivre du moulin au goût

Préparation

Mélanger le citron (zeste et jus), les courgettes, 30 ml (2 c. à soupe) de graines de sésame et 30 ml (2 c. à soupe) d'aneth. Réserver.

Faire revenir les oignons verts dans l'huile d'olive.

Saler et remuer régulièrement environ 2 minutes.

Ajouter le quinoa et continuer de brasser pendant encore 2 minutes.

Ajouter l'eau, les raisins secs et encore un peu de sel.

Couvrir et porter à ébullition. Baisser le feu et laisser mijoter de 10 à 15 minutes jusqu'à ce que l'eau soit absorbée.

Ajouter le mélange citron, courgettes, graines de sésame et aneth au quinoa et poivrer.

Garnir avec ce qui reste de graines de sésame et d'aneth, puis servir.

Commentaire
Ce plat accompagne le saumon, les crevettes et le poulet.

On pourrait remplacer les graines de sésame par des noix de pin et l'aneth par du basilic, mais alors il ne faut pas mettre de citron.

(annotation manuscrite : Ý·Ý·Ý)

Quinoa aux champignons

· · · · · · · · · · · · · · · · · · · ·

Préparation : 15 minutes
Cuisson : 15 minutes
Portions : 2 en plat principal et
4 en accompagnement

· · · · · · · · · · · · · · · · · · · ·

(annotation manuscrite : + tofu ou feta)

Ingrédients

- 1/2 oignon haché finement
- Huile d'olive (pour la cuisson)
- 1 gousse d'ail hachée finement
- 250 ml (1 tasse) de quinoa non cuit *(annotation : = 2 repas)*
- 1 cube de bouillon de poulet ou de légumes dilué dans 375 ml (1 1/2 tasse) d'eau
- 500 ml (2 tasses) de champignons de Paris coupés en 4 morceaux ou de pleurotes émincés
- 45 ml (3 c. à soupe) d'huile d'olive
- Sel et poivre au goût
- 30 ml (2 c. à soupe) de vinaigre balsamique
- Persil (pour la décoration)
- Un peu de parmesan (facultatif)

(annotation manuscrite marge gauche : 1/4)

Préparation

(annotation manuscrite : 1- cuire le quinoa à demi, puis 2-)

Faire revenir l'oignon dans une casserole huilée, puis ajouter l'ail. Brasser pendant 1 minute. Ajouter le quinoa et remuer pour l'enrober de l'huile. Verser le bouillon de poulet ou de légumes. Faire cuire à couvert et à feu doux pendant une dizaine de minutes.

Dans une poêle, faire suer les champignons dans l'huile. Quand ils ont rendu leur eau, ajouter encore un peu d'huile, l'ail finement coupé ou écrasé, le sel et le poivre.

Verser les champignons dans la casserole de quinoa.

Déglacer la poêle ayant servi à cuire les champignons avec le vinaigre balsamique. Verser ce jus sur le quinoa et les champignons et mélanger délicatement. Ajouter le persil pour faire joli et saupoudrer de parmesan au goût.

Commentaire
On peut faire cette recette au beurre.

ce qu'il faut faire

CHAUFFER le four à 400 °F.

DIVISER la pâte à pizza en deux ; abaisser chaque moitié en un rond de 12 po sur une plaque à pâtisserie tapissée de papier sulfurisé ou une plaque à pizza.

MÉLANGER le romarin, l'huile et l'ail jusqu'à homogénéité ; badigeonner les pâtes de la moitié de ce mélange. Garnir des légumes ; badigeonner du mélange restant.

CUIRE au four 15 min ou jusqu'à ce que le pourtour de la croûte soit légèrement doré et que les pommes de terre soient tendres. Garnir du fromage ; cuire 5 min ou jusqu'à ce que le fromage ait fondu.

À NOTER !

Une pizza encore meilleure ? Absolument ! Notre nouveau fromage râpé **Kraft** avec un **soupçon de Philadelphia** rend les pizzas et les casseroles onctueuses. Goûtez aux trois délicieuses saveurs : Mozza crémeux, Herbes et ail crémeux et Mexicana crémeux. Voyez nos suggestions de recettes à **fromagerapekraft.ca**.

Quinoa rouge au cumin et à la betterave

Préparation : 15 minutes
Cuisson : 15 minutes
Portions : 4

Ingrédients

- 1 grosse (ou 2 petites) betterave crue
- 5 ml (1 c. à thé) de graines de cumin
- 15 ml (1 c. à soupe) d'huile d'olive
- 250 ml (1 tasse) de quinoa rouge non cuit
- 430 ml (1 3/4 tasse) d'eau
- Sel au goût
- 2,5 ml (1/2 c. à thé) de sumac (facultatif)
- 30 ml (2 c. à soupe) de citron
- Poivre de Cayenne au goût

Sauce

- 250 ml (1 tasse) de yogourt nature (fromage)
- 1 gousse d'ail émincée
- 2,5 ml (1/2 c. à thé) de sumac
  (ou 5 ml [1 c. à thé] de citron)

Préparation

Émincer la betterave et réserver.

Faire revenir les graines de cumin dans l'huile pendant 1 minute.

Verser le quinoa, brasser pendant 2 minutes et ajouter l'eau.

Saler, ajouter le sumac, couvrir et porter à ébullition. Baisser le feu et laisser mijoter pendant une quinzaine de minutes jusqu'à ce que l'eau soit presque entièrement absorbée.

Ajouter la betterave et laisser sur le feu de 3 à 5 minutes. Ajouter le citron et le poivre de Cayenne.

Retirer et rectifier l'assaisonnement.

Pendant la cuisson du quinoa, préparer la sauce au yogourt en mélangeant dans un bol le yogourt, l'ail et le sumac (ou le citron).

Commentaire

Ce plat accompagne le poulet, l'agneau, le porc, les poissons gras (comme le maquereau, la sardine, le saumon, le thon, l'anguille fumée, le hareng frais, la truite saumonée, etc.).

Quinoa aux légumes racines

Préparation : 20 minutes

Cuisson : 15 minutes

Portions : 4

Ingrédients

- 500 ml (2 tasses) de bouillon de poulet
- 375 ml (1 1/2 tasse) de légumes racines au choix, coupés en dés
- 250 ml (1 tasse) de quinoa non cuit
- 30 ml (2 c. à soupe) de beurre
- Sel et poivre

Préparation

Porter le bouillon à ébullition. Ajouter les légumes, le quinoa et le beurre. Réduire le feu, couvrir et laisser mijoter une quinzaine de minutes. Saler, poivrer et servir.

Commentaire

Vous pouvez utiliser les légumes racines suivants : carotte, patate douce, panais, navet, céleri-rave.

LES ACCOMPAGNEMENTS

Cassolette asiatique de quinoa

Ingrédients

- 30 ml (2 c. à soupe) d'huile d'arachide ou autre pour la cuisson
- 2 oignons verts hachés finement
- 1 gousse d'ail hachée finement
- 50 g (2 oz) de champignons noirs (secs) trempés dans l'eau chaude
- 1/2 chou chinois émincé (ou un peu moins)
- 375 ml (1 1/2 tasse) de quinoa non cuit
- 625 ml (2 1/2 tasses) d'eau
- 10 ml (2 c. à thé) de gingembre moulu
- 30 ml (2 c. à soupe) de sauce soya
- Poivre
- 30 ml (2 c. à soupe) d'huile de sésame
- Une bonne poignée de coriandre fraîche hachée
- 30 ml (2 c. à soupe) de graines de sésame
- Huile pour la cuisson

Préparation

Dans une grande poêle, faire chauffer l'huile pour la cuisson. Ajouter les oignons verts et l'ail, puis faire dorer en brassant de manière que l'ail ne noircisse pas. Ajouter les champignons bien égouttés et émincés, le chou et le quinoa, en prenant soin de brasser. Ajouter l'eau et porter à ébullition. Baisser le feu et ajouter le gingembre moulu, la sauce soya. Poivrer. Faire cuire à feu moyen ou doux pendant une quinzaine de minutes.

Une fois que c'est cuit, ajouter l'huile de sésame et mélanger. Parsemer de graines de sésame et de coriandre, puis servir.

Commentaire
Ce plat accompagne une viande, un poisson ou un autre légume.

Quinoa au citron (1)

· · · · · · · · · · · · · · · · · · ·

Préparation : 15 minutes

Cuisson : 15 minutes

Portions : 4

· · · · · · · · · · · · · · · · · · ·

Ingrédients
- 250 ml (1 tasse) de quinoa non cuit
- 500 ml (2 tasses) d'eau
- Une pincée de sel
- 30 ml (2 c. à soupe) d'huile d'olive
- 10 ml (2 c. à thé) de zeste de citron râpé finement
- 22,5 ml (1 1/2 c. à soupe) de zeste de citron confit rincé, épongé et haché finement
- Une poignée de roquette ou de persil haché finement
- Huile d'olive

Préparation
Faire cuire le quinoa selon le mode de cuisson désiré. Laisser tiédir. Dans un bol, mélanger tous les ingrédients. Si désiré, ajouter un filet d'huile d'olive au moment de servir.

Quinoa au citron (2)

Préparation : 15 minutes
Cuisson : 15 minutes
Portions : 4

Ingrédients
- 1/2 oignon finement haché
- 1 gousse d'ail hachée finement
- Huile d'olive
- 375 ml (1 1/2 tasse) de quinoa non cuit
- Zeste de 1 citron
- Jus de 1 citron
- Sel et poivre au goût
- 560 ml (2 1/4 tasses) d'eau

Préparation
Dans une casserole, faire revenir l'oignon et l'ail dans un peu d'huile d'olive. Ajouter le quinoa, le zeste de citron, le jus de citron, le sel, le poivre et l'eau. Porter à ébullition et faire cuire à feu moyen-doux pendant une dizaine de minutes. Éteindre le feu, laisser reposer à couvert pendant quelques minutes.

Commentaire
Si vous avez un gros citron, mettez un peu plus de quinoa.

LES ACCOMPAGNEMENTS

Farce pour volaille

· ·

Préparation : 25 minutes
Cuisson : 15 minutes
pour le quinoa
Portions : convient
pour 1 poulet

· ·

Ingrédients

- 180 ml (3/4 tasse) de quinoa rouge non cuit (ou 625 ml [2 1/2 tasses] de quinoa cuit)
- 1 oignon haché finement
- Abats hachés de la volaille (gésier, foie)
- Un peu de beurre
- 2 tranches de jambon paysan hachées
- Quelques abricots secs finement hachés
- Une petite poignée de noix concassées
- Une petite poignée de raisins secs
- 2 feuilles de sauge
- Sel et poivre
- 1 œuf

Préparation

Faire cuire le quinoa selon le mode de cuisson 2 (voir à la page 20).

Pendant ce temps, dans un grand poêlon, faire dorer l'oignon et les abats dans le beurre. Ajouter le jambon, les abricots, les noix, les raisins, le quinoa et les feuilles de sauge. Saler et poivrer, puis faire cuire encore 5 minutes. Retirer du feu et ajouter l'œuf battu. Mélanger et farcir le poulet.

Faire cuire le poulet au four selon le mode habituel.

Commentaire

Ajustez les quantités selon la grosseur de la volaille.

Les biscuits
et les desserts

Biscuits au quinoa et aux amandes

Préparation : 15 minutes

Attente : 1 heure

Cuisson : 12 minutes

Portions : 8 à 12 biscuits

Ingrédients

- 1 gousse de vanille
- 160 ml (2/3 tasse) de quinoa non cuit
- 310 ml (1 1/4 tasse) de lait de soja (ou de lait de vache)
- 45 ml (3 c. à soupe) de poudre d'amandes
- 45 ml (3 c. à soupe) de farine
- 45 ml (3 c. à soupe) de sucre
- 30 ml (2 c. à soupe) de beurre mou
- 1 œuf
- 75 ml (5 c. à soupe) d'amandes hachées
- 15 ml (3 c. à thé) d'amandes effilées (pour la décoration)

Préparation

Couper la gousse de vanille en deux dans le sens de la longueur et en retirer les graines. Verser le quinoa dans une casserole. Ajouter le lait de soja (ou le lait de vache), les graines et la gousse de vanille. Faire chauffer à feu doux jusqu'à ce que le quinoa ait absorbé le lait. Retirer la gousse de vanille. Laisser refroidir.

Dans un bol, mélanger la poudre d'amandes, la farine et le sucre. Incorporer le beurre mou en petits morceaux, l'œuf battu, les amandes hachées et le quinoa refroidi. Mélanger jusqu'à l'obtention d'une pâte homogène. Couvrir et mettre au réfrigérateur pendant 1 heure.

Façonner les biscuits et les faire cuire sur une plaque à 205 °C (400 °F) pendant 12 minutes.

Commentaire

Choisissez une gousse de vanille bien souple. En cherchant «gousse de vanille sur vidéo» dans un moteur de recherche, vous aurez rapidement une démonstration si vous ne savez pas comment procéder.

Pouding au quinoa

Ingrédients

- 180 ml (3/4 tasse) de quinoa non cuit
- 375 ml (1 1/2 tasse) d'eau
- 500 ml (2 tasses) de lait
- 2 bananes mûres
- 30 ml (2 c. à soupe) de sucre
- Une pincée de sel
- 125 ml (1/2 tasse) de beurre
- 2,5 ml (1/2 c. à thé) d'extrait de vanille

Préparation

Rincer le quinoa et l'égoutter. Verser dans une casserole avec l'eau et faire bouillir à feu vif, en brassant de temps en temps. Réduire la température, couvrir et laisser mijoter 15 minutes. Retirer du feu.

Mélanger le lait, les bananes, le sucre et le sel dans le bol d'un robot culinaire pour obtenir un mélange onctueux. Verser ce mélange dans la casserole contenant le quinoa.

Mettre la casserole à feu moyen. Faire cuire et brasser le mélange jusqu'à ce qu'il devienne épais et crémeux, de 5 à 10 minutes. Retirer du feu, incorporer le beurre et l'extrait de vanille. Servir chaud.

LES BISCUITS ET LES DESSERTS

Gâteau de quinoa au citron

● ● ● ● ● ● ● ● ● ● ● ● ● ● ● ● ● ●
Préparation : 15 minutes
Cuisson : 30 minutes
Portions : 10
● ● ● ● ● ● ● ● ● ● ● ● ● ● ● ● ●

Ingrédients

- 105 ml (7 c. à soupe) de beurre mou
- 160 ml (2/3 tasse) de sucre
- 5 ml (1 c. à thé) de bicarbonate de sodium
- Zeste de citron
- 3 œufs
- 125 ml (1/2 tasse) de quinoa cuit
- 250 ml (1 tasse) de farine
- Jus de 1/2 citron

Préparation

Battre en crème le beurre mou, le sucre, le bicarbonate de sodium et le zeste de citron. Ajouter les œufs un à la fois en mélangeant bien. Incorporer délicatement le quinoa cuit, la farine et le jus d'un demi-citron. Verser le mélange dans un moule huilé, soit un grand moule à tarte rigide ou un moule carré. Cuire au four à 180 °C (350 °F) pendant 30 minutes.

Figues surprises

Préparation : 15 minutes
Cuisson : 15 minutes (quinoa)
Portions : 4

Ingrédients

- 325 ml (1,5 tasse) de quinoa cuit
  (donc, 125 ml [1/2 tasse] de quinoa non cuit)
- 125 ml (1/2 tasse) de ricotta
- 5 noix hachées finement
- 30 ml (2 c. à soupe) de miel
- 12 figues séchées

Préparation

Faire cuire le quinoa selon le mode de cuisson 2 (voir à la page 20) et le laisser refroidir.

Dans un bol, mélanger le quinoa, la ricotta, les noix et le miel. Couper les figues en deux, les farcir du mélange et servir.

Commentaire

Essayez cette recette avec des figues fraîches.

Compote de quinoa, d'abricots et de pommes

Préparation : 15 minutes

Cuisson : 35 minutes

Portions : 4 à 6

Ingrédients

- 250 ml (1 tasse) d'abricots secs coupés en dés
- 250 ml (1 tasse) de pommes séchées coupées en dés
- 250 ml (1 tasse) de jus de pomme
- 1 bâton de cannelle
- Graines de 1/2 gousse de vanille fraîche
- 125 ml (1/2 tasse) de quinoa non cuit
- 250 ml (1 tasse) d'eau
- Yogourt nature

Préparation

Dans une casserole, porter à ébullition les abricots, les pommes, le jus de pomme, le bâton de cannelle et la demi-gousse de vanille. Ajouter le quinoa et l'eau. Laisser mijoter une trentaine de minutes à feu doux. Servir la compote chaude ou froide avec du yogourt.

Quinoa aux poires *fraîches* et aux amandes

Trempage : 15 minutes
Préparation : 30 minutes
Cuisson : 25 minutes
Portions : 4

Ingrédients

- 125 ml (1/2 tasse) de quinoa sec
- 250 ml (1 tasse) de lait
- 15 ml (1 c. à soupe) de miel
- 15 ml (1 c. à soupe) de jus de citron
- 10 ml (1 c. à café) de graines d'anis
- Une petite poignée d'amandes effilées
- 30 ml (2 c. à soupe) de beurre
- 2 poires épluchées, épépinées et coupées en petits morceaux

Préparation

Dans un chaudron, verser le quinoa et le lait. Laisser gonfler pendant une quinzaine de minutes, sans chauffer. Ensuite, faire cuire à couvert et à feu doux pendant une quinzaine de minutes. Ajouter le miel, le jus de citron et les graines d'anis.

Pendant la cuisson du quinoa, dans une poêle, faire revenir les amandes effilées dans le beurre en mélangeant pour que ça ne brûle pas. Ajouter les poires et les cuire en les tournant pour qu'elles s'imprègnent du beurre.

Incorporer le contenu de la poêle dans le mélange de quinoa. Bien brasser et servir.

LES BISCUITS ET LES DESSERTS

127

Clafoutis de quinoa

Préparation : 15 minutes

Cuisson : 40 minutes

Portions : 6

• •

Ingrédients

- 500 ml (2 tasses) de cerises équeutées et dénoyautées
- 30 ml (2 c. à soupe) de farine de quinoa
- 30 ml (2 c. à soupe) de farine
- 120 ml (8 c. à soupe) de sucre
- 3 œufs
- 500 ml (2 tasses) de lait
- Un peu de beurre
- Une pincée de sel
- Vanille au goût

Préparation

Préchauffer le four à 180 °C (350 °F).

Dans un bol, battre les œufs et le sucre. Ajouter les farines et mélanger. Verser le lait et mélanger à nouveau.

Déposer les cerises dans un moule beurré et enfariné. Verser la préparation et faire cuire 40 minutes. Ne pas démouler.

Commentaire

Le clafoutis est un flan fait à base de farine (en petite quantité), de lait, de sucre et de fruits.

Vous pouvez utiliser des fruits frais que vous laverez et équeuterez, ou acheter des cerises en boîte ; il faudra alors les égoutter.

Quinoa au miel d'oranger

Préparation : 15 minutes
Cuisson : 15 minutes
Portions : 6

Ingrédients

- 250 ml (1 tasse) de quinoa non cuit
- 500 ml (2 tasses) d'eau (ou un peu moins)
- 60 ml (4 c. à soupe) de miel d'oranger (ou d'un autre miel)
- 8 dattes dénoyautées et coupées en petits morceaux
- 5 à 10 ml (1 à 2 c. à thé) de cannelle
- 60 ml (4 c. à soupe) d'amandes effilées

Préparation

Cuire le quinoa selon le mode de cuisson 1 (voir à la page 19).

Lorsque l'eau est absorbée, ajouter le miel et laisser gonfler encore 5 minutes en maintenant le couvert sur le chaudron. Remuer le quinoa tiédi et ajouter les dattes, la cannelle et les amandes effilées. Brasser délicatement et servir.

Références

ASBELL, Robin. *Whole Grains Cookbook*, Chronicle Books, 2007.

BARAKAT-NUQ, Maya. *Céréales faciles*, rusticaéditions, 2006.

BROTTO, Igor et Olivier GUIRIEC. *Le grand livre de la cuisine végétarienne*, Éditions de l'Homme, 2010.

CLEA. *Quinoa*, Éditions La Plage, 2011.

CUPILLARD, Valérie. *Quinoa*, Éditions La Plage, 2004.

DELPAS, Clara. *Le quinoa : vertus et bienfaits*, Éditions Trédaniel, 2011.

DEMAY, Claudine et Didier PERREOL. *Recettes au quinoa*, Marabout, 2004.

GREEN, Patricia et Carolyn HEMMING. *Quinoa extra : 170 recettes épatantes pour apprivoiser ce superaliment*, Éditions Transcontinental, 2010.

LANGOT, Domitille et Michel. *So good : des céréales, de l'entrée au dessert*, Seuil, 2005.

MUIR, Jenni. *A Cook's Guide to Grains*, Conran Octopus, 2002.

O'GLEMAN, Geneviève. «Quoi faire avec le quinoa», *Tout simplement Clodine*, février 2012.

PASQUIET, Hélène. *Flocons bio : 1001 gourmandises en un tour de main*, Anagramme Éditions, 2007.

PERREOL, Didier. *Une graine sacrée, le quinoa*, Jacques-Marie Laffont Éditeur, 2004.

SASS, Lorna. *Whole Grains : Every Day, Every Way*, Clarkson Potter Publishers, 2006.

SPECK, Maria. *Ancient Grains for Modern Meals*, Ten Sped Press, 2011.

VASSALLO, Jody. *Boulgour, quinoa et graines germées*, Marabout chef, 2006.

Sites Web (consultés en septembre 2011 et en janvier 2012)

http://aladistasio.telequebec.tv/a_la_distasio/accueil.html

http://www.ricardocuisine.com/

http://pucebleue-jenreprendraibienunbout.blogspot.com/

http://www.passeportsante.net/Fr/Accueil/Accueil/Accueil.aspx

http://exila.blogspot.com/

http://www.quinoa.net/

Table des matières

Les soupes et les potages

Les plats principaux

Les accompagnements

Les biscuits et les desserts

Références

croquettes quinoa v jambon 93

Achevé d'imprimer au Canada
sur papier Enviro 100 % recyclé
sur les presses de Imprimerie Lebonfon Inc.

certifié

procédé
sans
chlore

100 % post-
consommation

archives
permanentes

énergie
biogaz